KENNETH McALL · FAMILIENSCHULD UND HEILUNG

KENNETH McALL

Familienschuld und Heilung

Mit einem Vorwort von Otto Knoch

OTTO MÜLLER VERLAG SALZBURG

Aus dem Englischen von Leo Bartuska

ISBN 3-7013-0705-9

© deutsche Ausgabe: 1986 Otto Müller Verlag, Salzburg
Original title: Healing the Family Tree
© by Dr. Kenneth McAll 1982 first published in Great Britain in 1982
by Sheldon Press, SPCK, London;
All rights reserved
Umschlaggestaltung: Grasedieck und Haefeli, Salzburg
Druck: Druckerei Theiss GmbH, A-9431 St. Stefan im Lavanttal
Satz: Satz-Studio W. Six, D-8262 Altötting

VORWORT

»Heilt Kranke, treibt Dämonen aus!«
(Mt 10,8)

Als ich gebeten wurde, ein Vorwort für dieses Buch zu schreiben, zögerte ich zunächst. Denn als Bibeltheologe kommt mir nur insofern eine Kompetenz in dem angesprochenen Erfahrungsfeld zu, als das Neue Testament an zahlreichen Stellen berichtet, daß Jesus und die Apostel auf vielfältige Weise Menschen von dämonisch verursachten Leiden befreiten. Die Dämonen, mit denen es Jesus bei seinen Heilungen zu tun hatte, werden im Neuen Testament als Verursacher schwerer psychischer und körperlicher Bindungen, Schäden und Leiden beschrieben, nicht aber als Antriebskräfte zur Sünde, zur Lästerung, zum Abfall von Gott oder zu blasphemischen Taten. Das Neue Testament bietet jedoch keine Hinweise, wie es zu diesen Abhängigkeiten und Bindungen kam. Mit Besessenheit durch satanische, widergöttliche Mächte im eigentlichen Sinn des Wortes haben wir es aber bei diesen Heilungsgeschichten und Krankheitsfällen nicht zu tun. Diese Leiden stehen jedoch in Zusammenhang mit dem Unheil der Sünde und der Macht Satans, wie das Neue Testament ebenfalls bekundet.

In diesem Buch geht es jedoch nicht unmittelbar um sogenannte dämonische Einflüsse, sondern um ungesühnte Schuld, die im Geflecht von Familienbindungen und menschlichen Beziehungen unheilvoll weiterwirkt. Die Bibel setzt die »Solidarität der Menschen in Heil und Unheil« voraus, sei es bei den Folgen der Schuld »von Adam«, den Vorfahren und Verwandten als den schicksalhaft Verbundenen in Volk, Menschheit und Menschengemeinschaften, sei es bei den Folgen heilshafter Handlungen von Sippen- und Volksmitgliedern. Die zentrale

Aussage darüber findet sich im Römerbrief des Apostels Paulus: »Durch einen einzigen Menschen kam die Sünde in die Welt und durch sie der Tod, und auf diese Weise gelangte der Tod zu allen Menschen, weil alle sündigten...
Durch die Übertretung des einen (sind) die vielen dem Tod anheimgefallen. Anders verhält es sich mit der Gnade: die Gnade Gottes und die Gabe, die durch die Gnadentat des einen Menschen Jesus Christus bewirkt worden ist, ist den vielen reichlich zuteil geworden ... Wie es also durch die Übertretung eines einzigen für alle Menschen zur Verurteilung kam, so wird es durch die gerechte Tat eines einzigen für alle Menschen zur Gerechtsprechung kommen, die Leben gibt ... Denn wie die Sünde herrschte und zum Tod führte, so soll auch die Gnade herrschen und durch Gerechtigkeit zu ewigem Leben führen, durch Jesus Christus« (Röm 5, 12–21 Auszug). Diese Aussage setzt Schicksalsgemeinschaft in Heil und Unheil im Menschheitsbereich voraus. Dasselbe gilt, je abgestuft, im Bereich von Ehe, Familie, Sippe, Stamm, Volk oder auf der Ebene von freien Gemeinschaften mit Handlungsfähigkeit in der Geschichte (z. B. Aktionsgruppen, religiöser, sozialer oder politischer Gemeinschaften wie Zeloten, Pharisäer, Sadduzäer, Reiche und Arme, Sklaven, Herodianer).

Das Alte Testament führt Segen und Fluch auf das Verhalten von Königen, Priestern, Familiengliedern (Vater, Mutter), Vertretern von Gemeinschaften (Samariter, Heiden, Juden), zurück und läßt deren Auswirkung sich auf drei bis vier Generationen erstrecken oder auf längere Dauer (vgl. Gen 12,3: »alle Geschlechter der Erde«; Ex 20,5: »bis ins 4. Geschlecht«).

Dabei handelt es sich nicht um sogenannte Kollektivschuld, da jeder in der Schicksalsgemeinschaft die Möglichkeit hat, im Rahmen der vorgegebenen Heils- oder Unheilssituation sein persönliches Heil zu wirken und auch das vorgefundene Unheil zum Guten zu wenden. Dafür ist vor allem der Prophet Ezechiel Zeuge (vgl. 18,30ff: »Ich will euch richten, jeden nach seinem Verhalten, ihr vom Haus Israel – Spruch Gottes, des Herrn. Kehrt um, wendet euch ab von all euren Vergehen ..., damit ihr am Leben bleibt«; auch Kap. 33). Insofern ist die Geschichte nicht vorherbestimmt zum Unheil, sondern ist offen zum Heil.

Dabei hebt Gott die Folgen schuldhafter Vergehen nicht einfach auf, er gibt aber bei Umkehr die Möglichkeit, das überkommene Unheil zum Guten zu wenden (s. das Gleichnis vom verlorenen Sohn Lk 15). Außerdem gibt es die Möglichkeit der Sühne, der Sühnopfer und der stellvertretenden Sühne (s. die Einrichtung des Versöhnungsfestes, Lev 16; vgl. auch Lev 4–7; Num 15; dann die Prophetie vom stellvertretend leidenden Gottesknecht Jes 52,13. – 53,12.). In Notzeiten führt darum das Volk Israel öffentliche Sühne- und Bußtage durch (vgl. Joël 1,2–2, 27; Neh 9 und 10; Jdt. 4,9–15); dies gilt selbst für heidnische Völker (s. Jona 3). Auch für Tote können Opfer dargebracht und Bußriten durchgeführt werden (s. 2 Makk 12,32–45; vgl. im Neuen Testament die stellvertretende Taufe für heidnische Verstorbene in Korinth 1 Kor 15,29). In diesem Zusammenhang ist auch auf das Fürbittgebet zu verweisen (vgl. Gen 18,23 – 32; Ex 17,8 – 13; 18,22 – 26; Sir 45,6–22).

Diese Hinweise des Alten und Neuen Testamentes auf die Gemeinschaft der Menschen in Unheil und Heil führten bereits in der frühen Kirche zur Entfaltung der Fürbitten, zu Akten der Buße und zu Bußgottesdiensten. Besondere Kraft erkannte man dabei der Eucharistiefeier zu. Diese Praxis ist sowohl in der orthodoxen wie auch in der katholischen Kirche bis heute lebendig (s. das Fürbittgebet für Lebende und Tote, Gedenkgottesdienste und Meßfeiern zugunsten Verstorbener).

Das vorliegende Buch aus der Feder eines anglikanischen Arztes beschreibt Fälle, in denen die Folgen ungesühnter Schuld sich im Geflecht von Familie und Sippe oder im Leben von Menschen auswirken, die selbst schuldig wurden oder in enger Beziehung zu Schuldiggewordenen stehen.

Als katholischer Priester und Seelsorger weiß ich außerdem aus eigener Erfahrung um Fälle, die jenen verwandt sind, die in diesem Buch beschrieben werden: daß Tote sich melden und auf Fürbitte hoffen; daß ungesühnte Schuld sich in Familien über

Generationen hin auswirkt; daß böse Wünsche (auch Flüche) Macht über die Psyche von Menschen gewinnen; daß schwere Schuld gesühnt werden will; daß abgetriebene Kinder angenommen werden wollen; daß Schuldiggewordene unter der Last der Sünde schwer leiden und daß unbereute und ungesühnte Schuld zu weiterer Schuld führt.

Neu ist an diesen Berichten, daß der Verfasser, ein gläubiger anglikanischer Mediziner, die Macht der Fürbitte, der Bitte um Befreiung vom Bösen im Herrengebet, vor allem aber die heilende Kraft der Eucharistiefeier, auch für Verstorbene und in der Ferne Weilende, sogar für Nichtchristen, überzeugend erfuhr und deshalb neu bezeugt. Dabei ist zu beachten, daß jede Art kirchlicher Fürbitte, auch die sakramentale, nicht automatisch (d. h. ‚magisch') wirkt, sondern vom Glauben der Fürbittenden wie vor allem von der freien Entscheidung Gottes her ihre Kraft und Wirkung erhält.

Durch die gesammelten Zeugnisse dieses Buches fühlt sich der katholische Christ aber bestärkt in den geistlichen Erfahrungen seiner Kirche, auch in der Annahme eines Reinigungszustandes, in dem sich viele Christen nach ihrem Tod befinden und sich melden können, bevor sie als Vollgeläuterte in die unmittelbare Gemeinschaft mit Gott eintreten dürfen.

Der Verfasser weist vorsichtig auf die genannten Glaubensüberzeugungen hin, hütet sich aber, dort sicher auf satanische Besessenheit zu schließen, wo außergewöhnliche Phänomene psychischer und leiblicher Leiden vorliegen, die sich üblichen medizinischen Methoden entziehen. Er weist hier auf Möglichkeiten hin, gläubig der Macht des Bösen zu begegnen, ohne dessen letzte Ursache theologisch deuten zu wollen.

Das Buch zeichnet sich erfreulicherweise durch große Nüchternheit, medizinische Kompetenz und theologische Zurückhaltung aus. Der Verfasser will berichten, Zeugnis ablegen, Wege zur Hilfe weisen, nicht aber vorschnell theoretisieren. Er ist jeder einseitig dämonologisch-dualistischen Situationsdeutung abgeneigt (z. B. im Sinne von: Was böse ist, stammt vom Satan und bösen Geistern! Was gut ist, stammt unmittelbar von Gott.)

Wertvoll sind in diesem Zeugnis vor allem die Hinweise auf den praktischen Vollzug von Heilungsgebeten, Heilungsgottesdiensten und Gebeten um Befreiung, wobei der Verfasser bewußt das Zeugnis eines erfahrenen katholischen Seelsorgers im Heilungsdienst in sein Buch aufnimmt. Die in Anmerkung 10 des 7. Kapitels angegebenen weiterführenden Werke anderer Verfasser verdienen Vertrauen.

Bei dem in zuverlässiger Übersetzung vorliegenden Werk handelt es sich um ein geistlich bedeutsames Zeugnis, das durchaus Beachtung verdient. Es vermag ungesundem exorzistischen Handeln zu wehren und sowohl Seelsorger auf ihre Aufgaben und Möglichkeiten aufmerksam zu machen, als auch Mediziner auf besondere Elemente ihres Heilsdienstes an Kranken hinzuweisen.

Passau, 20.2.1985　　　　　　　　　　　　　　　　Otto Knoch

1. WERDEGANG – ERWECKUNG

Ich kam frisch von der behüteten Welt der Universität Edinburgh und war begierig, eine geplante, voraussehbare Laufbahn zu beginnen, die den körperlich und geistig Kranken der Welt Gesundheit und Heilung bringen würde. Da ich aus einer Familie von kongregationalistischen Missionaren[1] stammte, schien es ganz natürlich, daß ich in China anfangen würde, nur war das ein Land, das bereits in die Grausamkeiten des chinesisch-japanischen Krieges verwickelt war.

Meine erste »Praxis« mit einigen 10 Millionen möglicher Patienten erstreckte sich über ein riesiges Gebiet, von dem ein großer Teil von fanatischen Guerilla-Gruppen bedroht war. Oft wurde ich auf Verdacht festgenommen und verhört, einmal stand ich sogar unter Spionage-Anklage vor Gericht und wurde von einem militärähnlichen Gericht zum Tode verurteilt. Doch in einem vom Krieg zerrissenen Land ist ein Chirurg wie Geld auf der Bank, und so wurde ich begnadigt und durfte meine Arbeit fortsetzen. Vier Jahre später brach der Zweite Weltkrieg aus, und ich war in der Falle.

Eines Abends bei Sonnenuntergang wanderte ich im nordchinesischen Kriegsgebiet auf einer staubigen Landstraße an verlassenen Feldern vorbei, um Gegenstände des medizinischen Bedarfs zu einem Spital in einem entlegenen Dorf zu bringen. Das war eine meiner häufigen Wanderungen, welche oft dreitägiges Marschieren bedeuteten, Übernachtung im Freien, öftere Belästigung durch Banditen oder Festnahme zum Verhör. Plötzlich tauchte hinter mir ein ganz in Weiß gekleideter Mann auf. Er zeigte auf ein entferntes Dorf an einem Pfad, der im rechten Winkel von unserer Straße abbog. Er sagte mir, daß es dort viele Verwundete gäbe, die meine Hilfe benötigten. Zuerst dachte ich, daß es nur ein verirrter Bauer auf spätem Heimweg sei, aber

durch sein Drängen ließ ich mich überreden, die Richtung zu ändern, und ich ging mit ihm zu seinem Dorf.
Das Tor wurde aufgerissen und ich wurde hineingezogen, aber der Mann war nirgends zu sehen. Die Dorfbewohner sagten mir, daß ich knapp einem japanischen Hinterhalt entgangen war, denn das Spital, das mein Ziel gewesen war, war gerade überrannt worden. Sie fragten mich aus über die Änderung meiner Marschrichtung und die Kenntnis von ihren Verwundeten, und bestanden darauf, daß niemand vom Dorf an diesem Tage außerhalb der Mauern gewesen sei.

Ich erinnerte mich, daß der weißgekleidete Fremde mit mir Englisch gesprochen hatte, und ich war sicherlich meilenweit der einzige Ausländer. Da erkannte ich, daß mir Jesus erschienen war. Meine spöttische Nachsicht für den blinden Glauben der Chinesen an Geister und Geisterwelt war verschwunden. Auch begriff ich, daß die Geisterwelt gute und böse Einflüsse ausübt, und ich erkannte, daß mein tägliches Gebet um Schutz auf dramatische Weise erhört worden war. Ich wußte, daß ein Mensch, der sein Leben Jesus Christus übergeben hatte, in Sicherheit ist, wie aufgewühlt seine Umgebung auch sein möge.

Der Krieg bedeutete für meine Frau, auch Ärztin, und für mich vier lange Jahre Internierung in einem japanischen Lager, wo 1200 Gefangene in ein Fabrikgebäude gepfercht und die Fenster gegen den Winterfrost mit Zeitungspapier geflickt waren. Zuerst hütete jeder für sich eifersüchtig seine eigene Habe, voll Angst, was ihm sein Nachbar stehlen könnte. Dann begannen einige von uns, heimlich jeden Morgen in einer dunklen Abstellkammer zum Gebet zusammenzukommen, um Gottes Führung für das Lager als Ganzes und für die besonderen Nöte der Einzelnen zu erflehen. Als immer mehr Leute zu unseren Zusammenkünften kamen, änderte sich die Atmosphäre im Lager. Wir legten alle unsere Reserven zusammen, teilten miteinander unser Wissen, setzten Spiele und Konzerte an, halfen einander und schlugen uns nicht mehr um Nahrung und Kleidung. Es gab einen Unterschied zwischen Existieren und Leben, und das erste Mal in meinem Leben wurde die Kraft des Gebetes Wirklichkeit: zu heilen ohne Medizin.

Schließlich kamen meine Frau und ich, müde an Geist und Körper heim nach England, jeder wog wenig mehr als 40 kg. Wir ließen uns dankbar in friedlicher Partnerschaft mit einer gewöhnlichen allgemeinen Praxis nieder und versuchten in den nächsten sieben Jahren, ein normales Leben zu führen. Aber ich war in Unruhe. Die vielen unerklärbaren Dinge, die ich in China gesehen, gehört und erlebt hatte, konnten nicht weggewischt werden. Besonders beunruhigte mich die Erinnerung an einen Mann in »Teufelswahnsinn« (feng kuei), der durch das Gebet einer gewöhnlichen Frau von seinem Wahnsinn geheilt worden war. Der Mann war ein Rasender (Berserker). Im Westen hätte man angenommen, daß sein »Zusammenbruch« durch einen unerträglichen Druck der modernen Gesellschaft hervorgerufen worden sei, aber in jenem einsamen Dorf auf der nördlichen Ebene Chinas wußten die Leute nur, daß etwas Böses von ihm Besitz ergriffen hatte, das mit allen Mitteln ausgetrieben werden mußte.

Nachdem die Beruhigungsmittel des Kräuterkundigen und die weiße Magie des Zauberdoktors versagt hatten, waren die gewählten Mittel so barbarisch wie die Diagnose: Das Opfer wurde an eine Mauer gekettet, um zu Tode gesteinigt zu werden. Die Tatsache, daß er nicht schnell starb, wurde als Zeichen ausgelegt, daß er geheilt werden konnte, und daher wurde eine besondere Art von Hilfe angefordert – nicht von einem Missionspriester oder Arzt, sondern von einer der vielen unausgebildeten Bibelfrauen, die ihr Leben einfach der Ausbreitung des praktischen Christentums gewidmet hatten, aber dessen ungeachtet den chinesischen Aberglauben an gute und böse Geister teilten. Bei dieser Gelegenheit ging eine furchtlose kleine Frau zu dem zerschlagenen blutenden Geschöpf und begann zu beten – ein einfaches Gebet des Exorzismus im Namen Jesu Christi. Der Mann stürzte in seinen Ketten bewußtlos nieder. Die einfachen Dorfbewohner faßten das als Zeichen seiner Befreiung vom »Teufelswahnsinn« auf, wuschen ihn, gaben ihm zu essen und sorgten für ihn, bis er fähig war, wieder seinen Platz unter ihnen einzunehmen. Und er war wirklich geheilt worden.

Damals war ich skeptisch. Ich lehnte das alles als Ausdruck kollektiver Gewalttätigkeit ab und bestand darauf, daß solches – für mich unverständliches – Geschehen, niemals in einer zivilisierten Gesellschaft vorkommen könne. In meinem sicheren englischen Dorf erkannte ich dann, daß man überall in der Welt Geisteskranke, »Teufelswahnsinnige« vorfinden konnte, und daß ich diesen Menschen helfen müßte, aber ich wußte nicht wie. War es möglich, daß die gleiche Art des Exorzismus, die den Verstand des wahnsinnigen Chinesen wiederhergestellt hatte, auch auf andere wirken konnte? Oder war es einfach die Suggestivkraft gewesen, die die Wiederherstellung des Mannes bewirkt hatte? Immer wieder wurde ich mit dem deutlichen, oft unheilvollen Einfluß von Geist und Seele auf den Körper konfrontiert, während ich hilflos gegen die psychosomatischen Krankheiten meiner Patienten ankämpfte.

Schließlich ergab ich mich. Im Jahre 1956 entschied ich mich dafür, daß ich selbst die psychiatrischen Krankheiten erforschen und entdecken mußte, ob die anerkannten Behandlungsmethoden tatsächlich die beste Art waren, den Leidenden zu helfen. Ich ging an die Universität, spezialisierte mich auf Psychiatrie, lebte in Heilanstalten für Geisteskranke und studierte alles Erreichbare über (manchmal aggressive) Geistesgestörte, welche dazu verurteilt sind, ihr Leben als Außenseiter ohne Hoffnung in geschlossenen Anstalten zu verbringen. Es mußte einen Weg geben, an sie heranzukommen und sie aus ihren inneren Verwirrungen herauszuführen. Ich mußte diesen Weg finden. Mein Ziel ist immer das gleiche gewesen: Den Menschen zu helfen, mit Gott in Berührung zu kommen und zu lernen, vollständig unter seiner Führung zu leben.

2. BINDUNGEN BRECHEN

Wenn Patienten nach oft jahrelanger erfolgloser medizinischer und psychiatrischer Behandlung zu mir kommen, können sie in einem aufnahmeunfähigen Zustand sein, nicht zur Mitarbeit bereit und nicht willens, noch einem neuen Arzt zu vertrauen. Es ist wesentlich, zuerst ihre Krankheitsgeschichte festzustellen, die vorangegangenen Diagnosen zu überprüfen und sicherzustellen, daß alle offensichtlich notwendigen medizinischen Untersuchungen durchgeführt worden sind: Nichts wird als selbstverständlich angenommen. Wenn ein gegenseitiges Gefühl des Vertrauens entstanden ist, sind die Patienten gewöhnlich imstande, sich der »Geheimnisse« zu entledigen, die der Ursprung ihrer Leiden gewesen sind.

Viele gefühlsmäßige Schwierigkeiten haben ihre Wurzeln in einer rein biochemischen Unausgewogenheit, die medizinischer Behandlung bedarf, und das kann leicht genug geheilt werden, sobald es (manchmal mit Schwierigkeiten) festgestellt worden ist. Aber viele tiefe Gefühlsschäden brauchen eine andere Therapie und die unterstützende Liebe einer christlichen Gemeinschaft. Wir können keine Mittel außer acht lassen, durch welche die volle Heilung eines Menschen erreicht werden kann.

Immer mehr Patienten, die mir geschickt wurden, gaben zu, daß sie unter der Anwesenheit von »Geistern« oder dem Eindringen von »Stimmen« aus einer anderen Welt litten, welche nur für sie selbst sichtbar und hörbar waren, und die Psychiatrie tat das als Wahnideen ab. Das erinnerte mich an den traditionellen chinesischen Aberglauben an gute und böse Geister, dem ich so viele Male im Fernen Osten begegnet war. Allmählich erkannte ich, daß die Geister und Stimmen wirklich existierten, und auch, daß es Unterschiede zwischen ihnen gab. Einige schienen böse zu sein und kamen oft infolge von okkulten Praktiken, während andere neutral zu sein schienen, harmlose Stimmen, die um Hilfe baten. Manchmal konnte der Patient die Stimme als solche von kürzlich verstorbenen Verwandten identifizieren, aber oft war ihm keine Beziehung zu ihnen bekannt.

Wer waren diese ungebetenen, ruhelosen Geister? Warum und wie konnten sie Lebende fesseln? Mit sorgfältigen und oft schmerzvollen Analysen der Geschichte meiner Patienten, durch Zuhören, als sie mir zu vertrauen begannen, und dadurch, daß ich sie zum Vertrauen auf Gott und zu dem festen Glauben brachte, daß er sie liebevoll anhören und ihnen immer verzeihen würde, konnten wir miteinander die Antwort zusammenstückeln.

Eine Beziehung zwischen zwei Menschen, die von beiden Seiten glücklich und freiwillig begann, kann ein Stadium erreichen, wo ein Partner passiv und vom anderen total abhängig wird. Häufig bemerkt der passive Teil den Verlust seiner eigenen Identität gar nicht und ist schließlich vollkommen unfähig, aus der Beherrschung des anderen auszubrechen. Dieser Zustand ist wissenschaftlich als »Possessions-Syndrom« bezeichnet worden.

Viele meiner während der letzten 30 Jahre zugewiesenen Patienten haben an dieser Geisteskrankheit gelitten; das bedeutete, daß sie unter dem Einfluß eines anderen Wesens standen, das lebendig oder tot, dem Patienten bekannt oder unbekannt sein konnte.

Im Jahre 1960 beschrieb Dr. P. M. Yap, Psychiater bei der Regierung von Hongkong, das Possessionssyndrom in einem Artikel des Journal of Mental Science.[1] Er empfahl die Behandlung mit Elektroschock (ES), berichtete aber nicht über nachfolgende Fortschritte dieser Patienten. Damals wurde der ES ohne die Wohltat einer Anästhesie durchgeführt, und die Erleichterung, die der Patient spürte, war wahrscheinlich nicht nur der, ähnlich einer Gehirnerschütterung ausgelösten Gedächtnislücke, sondern auch der extremen, übermäßig gewordenen Streßsituation zuzuschreiben, deren Resultat als Heilung interpretiert wird. Neuerdings haben es jedoch die Psychiater weit hilfreicher gefunden, die Bindung zwischen dem Kontrollierenden und dem Kontrollierten bei dessen vollem Bewußtsein und Mitwirkung zu durchbrechen. Wenn dieser Bruch dadurch zustande gebracht wird, daß man die Kontrolle im Gebet Gott überträgt, bringt das die Annahme von Gottes Führung und das Geschenk der Befreiung.

Es ist entscheidend, in jedem Fall eine Differential-Diagnose zu stellen und das Possessions-Syndrom in eine oder mehrere definierte Kategorien einzuordnen. Die Bindung Lebender an Lebende ist am klarsten zu diagnostizieren. Die Bindung Lebender an Tote, ob Vorfahren oder Nichtverwandte, an totgeborene, abgetriebene Kinder, Fehlgeburten oder an frühere Bewohner des jetzigen Wohnortes der Lebenden kann beachtliche Schwierigkeiten bei der Diagnose machen. Die Abhängigkeit Lebender von okkulter Kontrolle ist wahrscheinlich das gefährlichste Übel, das es zu enträtseln gibt.

Befreiung ist keine sofort wirksame Wunderpille, die man entschlossen zur Sofortheilung schluckt. Vielmehr erfährt man sie in einem langsamen, manchmal schmerzlichen Behandlungsverlauf, der bewußt und vertrauensvoll durchgehalten werden muß, bis Heilung erzielt wird, wenn auch der Schlußeffekt der Befreiung oft plötzlich und dramatisch eintreten kann. Zuerst ist es notwendig, die erkannte Bindung an die kontrollierende – lebende oder tote – Person zu durchschneiden, dann von ganzem Herzen zu verzeihen, schließlich die Herrschaft Jesus Christus zu übergeben und alle notwendigen Änderungen der Umgebung vorzunehmen, um diese Heilungsschritte zu unterstützen.

Es kann für beide Seiten traumatisch sein, den Faden zu durchschneiden, der einen Mann an die Schürzenbänder seiner Mutter bindet, besonders wenn der Faden so stark ist, daß er den Sohn von seiner selbständigen seelischen Entwicklung abhält. Ruth, eine 60jährige verwitwete Mutter, klagte jahrelang über Herzbeschwerden. Sie hatte viele Spezialisten konsultiert, von denen keiner eine bestehende Krankheit feststellen konnte und daher keiner eine Behandlung verordnete. Um von ihren

Symptomen befreit zu werden, war sie ohne Erfolg von einem Spital zum anderen gewandert.

Am ersten Tag, als sie zu mir kam, hörte ich mir Ruths Geschichte mehrere Stunden lang an und am zweiten Tag noch länger. Sie sprach unaufhörlich wild über ihren Sohn und beantwortete keine meiner Fragen direkt. Schließlich wurde ich recht ungeduldig und sagte: »Es fällt mir auf, daß etwas in Ihrer Beziehung zu Ihrem Sohn falsch sein muß!« Die Frau wurde verwirrt, flüchtete in Heftigkeit und schrie: »Wie ekelhaft!« Fort war sie, die Türe hatte sie hinter sich zugeschlagen. Bald darauf telefonierte sie von einer nahen Telefonzelle, um mir mitzuteilen, welche ernsten Vorwürfe sie gegen mich hatte. Ich fühlte, daß ich jede weitere Möglichkeit verloren hatte, ihr zu helfen.

Nach zwei Tagen erschien Ruth vor meiner Haustür. Ich erkannte sie nicht gleich wieder. Sie war nett und gelassen, mit gepflegter Frisur und einem ruhigen Lächeln. Sie fragte mich, ob sie mir jetzt die ganze Geschichte erzählen könne, um ihr früheres Benehmen zu erklären. Sie zeigte mir einen Brief, den sie soeben von ihrem Sohn Rufus erhalten hatte, über welchen sie soviel gesprochen hatte. Sie hatte es versäumt zu erwähnen, daß er schizophren war, zwangsweise in einer 700 km entfernten Nervenheilanstalt untergebracht!

Sie erzählte mir: Nachdem sie an jenem Donnerstag-Vormittag aus meinem Haus gestürmt war und mich dann angerufen hatte, war sie lange Zeit ziellos umhergewandert. Atemlos auf einem Hügel angelangt, hatte sie eine Kirche betreten, um zu rasten. Als sie in einer Bank saß, hörte sie deutlich eine Stimme sagen: »Du hast niemals die Nabelschnur zu Deinem jüngsten Kinde durchgeschnitten!«

»Ich dachte, daß Sie es waren, Herr Doktor«, sagte sie, »der mir in die Kirche nachgegangen war.« Zornig hatte sie sich umgesehen, sogar unter den Altar geschaut, aber niemand gefunden. Dann hörte sie die Stimme nochmals und erkannte, daß es Gott sein mußte, der zu ihr sprach. Sie fiel auf die Knie und antwortete demütig: »Wenn das wahr ist, Herr, will ich es jetzt tun.« Ein sonderbares Gefühl kam über sie, als ob sie wirklich eine Schere genommen und die Nabelschnur abgeschnitten hätte. Sie selbst war ganz verwandelt.

Das Jüngste ihrer fünf Kinder, Rufus, jetzt 35, war 8 Jahre alt gewesen, als sein Vater plötzlich starb. Von da an hatte Ruth sein ganzes Leben geregelt, sogar seine berufliche Laufbahn und die Wahl seiner Frau. Diese befand sich jetzt mit Tuberkulose in einem Sanatorium.

An jenem schicksalhaften Donnerstag hatte Rufus eine plötzliche Anwandlung von Befreiung gespürt. Er schrieb sofort seiner Mutter, daß er fühle, wieder er selbst zu sein, und daß er das Spital um Erlaubnis gebeten habe, das nächste Wochenende bei seinem Bruder verbringen zu dürfen. Rufus war vollkommen geheilt. Auch seine Frau hatte sich an dem gleichen Tag ungewöhnlich wohl gefühlt und wurde nach negativen Ergebnissen mehrerer Tests aus dem Sanatorium entlassen. Kurz darauf kam ihr Baby aus dem Säuglingsheim nachhause. 20 Jahre später sind Rufus und seine Frau noch immer wohlauf und Ruth hatte keinen Rückfall ihrer »Herzbeschwerden«.

Die kontrollierende Bindung kann in einer Familie eine Generation überspringen. Carol war eine 18jährige Verkäuferin. Sie begann, an sonderbaren, unvorhergesehenen Anfällen zu leiden, die nicht gleichmäßig verliefen und auch nicht regelmäßig auftraten, manchmal einige Male am Tag, manchmal in Abständen von einer Woche. Während eines Anfalles, der bis zu einer halben Stunde dauern konnte, stand sie vollkommen steif und still da, unansprechbar und offensichtlich ganz, ohne ihre Umgebung wahrzunehmen. Psychiatrische Behandlung hatte keine Besserung, nicht einmal Milderung der Anfälle gebracht.

Carols Mutter wurde gebeten, ein genaues Tagebuch über das Mädchen zu führen, und dabei kam ein Umstand zutage, der bei jedem Anfall aufschien: Unmittelbar vorher hatte Carol Kontakt zu ihrer Großmutter mütterlicherseits gehabt, telefonisch, brieflich oder durch einen Besuch. Diese energische Dame, die in einiger Entfernung wohnte, behandelte Carol noch immer wie ein Lieblingskind und die beiden waren in ständiger Verbindung.

Ich bat die Großeltern, mich zu besuchen, und sie stimmten sehr zögernd zu. Carols Mutter war anwesend, aber Carol selbst war in einem anderen Raum. Als ich das Hauptthema unserer Zusammenkunft anschnitt, wurde die Großmutter sehr zornig und beleidigend, während Carols Mutter hysterisch zu schreien begann. Der Großvater aber, der bis dahin schweigend dagesessen war, begann mit dem Kopf zu nicken und mehrmals zu wiederholen: »Sie haben ganz recht, Herr Doktor, und ich sagte immer, daß es so weit kommen würde.«

In diesem Augenblick kam meine Frau, die den Lärm gehört hatte, ins Zimmer und ich schlug vor, daß wir alle gemeinsam ruhig beten sollten. Ich bat Gott einfach, die negative Bindung zwischen Carol und ihrer Großmutter zu durchschneiden. Nachher sagte die Großmutter: »Gut, ich will nichts mehr mit Carol zu tun haben, und ich will aufhören, sie zu beeinflussen, da ich mich nur in ihr Leben hineindränge.« Carol hatte nie wieder einen Anfall. Sie änderte ihren Lebensstil, machte eine Ausbildung als Krankenpflegerin und ist jetzt Stationsschwester in einem Spital.

Ruth durchschnitt die zerstörerische Bindung an ihren Sohn Rufus allein mit dem Herrn; eine Gruppe von uns tat dasselbe im Gebet für Carol und ihre Großmutter. Es ist auch möglich, daß Bindungen durch stellvertretendes Gebet[2] durchbrochen werden, ohne Wissen der beiden, die aneinander gebunden sind.

Zwei von Miriams Kindern waren infolge ihrer Nachlässigkeit gestorben. Danach schien sie unfähig, die Kette von Unglücksfällen in ihrem Leben zu durchbrechen. Sie behauptete imstande zu sein, das Todesdatum ihrer Familienmitglieder vorhersagen zu können, und das verursachte ziemliche Angst. Sie verfluchte verschiedene Menschen, von denen einige sinnlosen Haß und grundlose Wut entfalteten; die Folge war Bruch in zwei Familien. Ihre Enkelin Mavis bekam epilepsieähnliche Anfälle, die immer heftiger wurden, knapp bevor Miriam starb, bis zuletzt fluchend.

Mavis machte beträchtliche Anstrengungen, ihre Schwäche

zu überwinden und Christin zu werden, aber das schien die Lage nur zu verschlimmern. Wenn jemand versuchte, mit ihr zu beten, rollte sie sich zu einer Kugel zusammen, begann zu lästern und beklagte sich zugleich darüber, daß sie streitende Stimmen hören konnte. Dann betete eine Gruppe von Leuten in Stellvertretung[2], ohne Mavis' Wissen, daß der auf ihr lastende Fluch unwirksam werde und die Großmutter Miriam Vergebung finde. Die Anfälle hörten auf, Mavis' Leben wurde normal, und sie bemerkte, daß sie in Frieden beten konnte.

Cliff, ein Lehrer in den Dreißigern, war homosexuell. Er lebte unter Abschirmung durch seine Mutter und fürchtete nicht nur Beziehungen zu Frauen, sondern auch solche zu Geistlichen und weigerte sich, an den morgendlichen Zusammenkünften in der Schule teilzunehmen. Nachdem Behandlung mit verschiedenen Medikamenten und viele Sitzungen bei Psychiatern nichts halfen, wandte ich mich an Cliffs Mutter und bat sie um Information über die Kindheit ihres Sohnes.

Sie war eine gute Frau, sehr aktiv in ihrer Kirchengemeinde; vor der Ehe war sie Krankenschwester gewesen. Nach gründlicher Gewissenserforschung brachte sie es über sich, mir von ihrem eigenen Leben und ihrer Schwangerschaft zu erzählen. Damals arbeitete sie, schon schwanger, in einem großen Spital. Einigemale hatte sie während des Nachtdienstes sexuellen Verkehr mit einem Militärkaplan, der Patient war. Anscheinend hatte das Verhalten der Mutter eine unerklärbare Reaktion in dem ungeborenen Kind bewirkt, die sein ganzes Leben und Denken in Bezug auf Frauen und Geistliche beeinflußte. Tatsache ist: Nachdem die Mutter ihre Beichte mit echter Reue abgelegt und ihrem vor seiner Geburt so schwer geschädigten Sohn alles mitgeteilt hatte, vergab er ihr, so wie Jesus Christus darauf gewartet hatte, ihr zu verzeihen, und er fühlte sich sofort befreit. Die vollständige Verzeihung des Geschädigten für den verantwortlichen Menschen hatte das beherrschende Band von Angst, Zorn und Abneigung zerrissen. Cliff ist jetzt glücklich verheiratet und lebt ein volles, normales Leben.

Wenn eine beengende Bindung an unbekannte Tote besteht,

liegt die erste Schwierigkeit darin, die kontrollierende Kraft zu identifizieren. Die wirksamste Methode dazu ist es, eine Ahnentafel aufzuzeichnen und zu suchen, ob es Probleme mit ungeordnetem Verhalten oder ob es eine Person oder einen Vorfall gegeben hat, für die bei Jesus Christus eine Beichte abgelegt und von ihm Vergebung erlangt werden sollte. Das ist nicht immer leicht, aber mit Geduld und Gebet kann dies mehr oder weniger vollständig durchgeführt werden. Da das im Namen Jesu Christi geschieht, wird sich sogar ein geringerer Erfolg als ausreichend zur klaren Identifikation des »kontrollierenden Geistes« erweisen.

Es gibt zwei Hauptziele beim Aufstellen einer Ahnentafel: Erstens ist festzustellen, ob ein Vorfahre das gleiche, unannehmbare Verhalten zeigte, und zweitens ist klarzustellen, wessen Stimme, wessen friedloser Geist zu dem und durch den hilfesuchenden Patienten spricht. Im ersten Fall kann sich ähnliches Verhalten in ähnlichen Gefühlen, Abneigungen, Handlungen oder sogar in gewissen körperlichen Krankheiten ausdrücken. Oder diese können sich in verschiedenen Angstmustern zeigen.

Molly, eine gut integrierte, gesunde und intelligente 30jährige Frau, entwickelte eine nach ihren eigenen Angaben »neue, lächerliche Phobie«: Eine lähmende Angst davor, irgendwo nahe einem Wasser zu fahren, auch nur eine kurze Strecke weit. Ihre zwei Kinder waren im vorangegangenen Sommer unter Wasser gekommen, als sie von einem kleinen Boot aus in einen ganz ungefährlichen Teich kippten. Psychiatrische Behandlung hatte diese krankhafte Angst nicht gemindert, und sie war an mich gewiesen worden. Wir mußten in ihrem Stammbaum nicht sehr weit zurückgehen um herauszufinden, daß einer ihrer Onkel bei dem Unglück der Titanic ertrunken war. Soweit der Familie bekannt war, hatte ihn niemand dem Herrn übergeben, und so beschlossen wir, die Eucharistie für ihn zu feiern. Die Feier der Eucharistie, wo unser Herr immer anwesend ist, ist das Kernstück im Vorgang der Befreiung und Heilung. Molly nahm daran teil und fühlte sich nachher vollständig von ihrer Phobie befreit. Obwohl der ertrunkene Onkel nur einen Sterbegottesdienst zu brauchen schien, nahm Molly von da an einen höheren Grad von geistlichem Eifer an.

Ein sehr gequälter Amerikaner wurde zu mir geschickt. Er wußte wenig über seine Abstammung, außer daß er von frühen calvinistischen Siedlern aus England abstammte. Bei der Eucharistiefeier für irgendwelche seiner Vorfahren, welche Gebet benötigten, bemerkten wir ein junges Mädchen mit traurigem Gesicht, das mit geneigtem Kopf ganz vor dem Altar stand. Neben ihr war eine ältere Frau, die von einem Mann hinter ihr zum Niederknien gestoßen wurde. Der Mann war groß, hatte einen dunklen Vollbart, einen grausamen Ausdruck im Gesicht und ein hochmütiges Wesen. Er trug einen dunklen Anzug mit breitem weißen Kragen, Kniehose, weiße Strümpfe und einen hohen schwarzen Hut, den er fest am Kopf behielt. Er kniete nicht nieder.

Das paßte zu der rauhen und unnachgiebigen Tradition der Calvinisten, die sich bemühten, ihre Gemeinschaft und Eigenständigkeit in der Neuen Welt von Amerika dadurch zu behaupten, daß sie andere zwangen, ihre starren Prinzipien und Überzeugungen anzunehmen und sich danach zu richten.

Mein amerikanischer Patient konnte nur hilflos beobachten, wie dieser Mann das traurig aussehende Mädchen zwang, die Kirche zu verlassen, aber er sah einen Engel ihr nachfolgen, vermutlich, um sie zu trösten. Wahrscheinlich waren wir die ersten, die seit ihrem Tode vor vielen Jahren erkannten, daß sie Gebet brauchte. Deshalb und wegen des Verhaltens des Calvinisten, wiederholten wir die Eucharistiefeier, um Gottes Verzeihung zu erflehen. Dann sahen wir, wie der Mann seinen Hut abnahm und am Altar kniete. Wir kamen nun darauf, daß es noch weitere Personen in der Familie gab, die unter unchristlichen Umständen gestorben waren und niemals im Hause meines Patienten erwähnt wurden. Bei einer weiteren Eucharistiefeier übergaben wir sie einzeln dem Herrn. Die Vision, die wir dann sahen, war von dem Mann, der in einen weißen Priestertalar gekleidet, eine Krone mit beiden Händen hielt. Er brauchte sich nicht dem Altar zu nähern, schon vorher führten ihn Engel fort in das helle Licht. Der Amerikaner und seine Vorfahren waren im Frieden.

Ein Opfer von Kontrolle durch Ahnen mag sich von einer Kraft unterdrückt fühlen, die nicht anders beschrieben werden kann als mit »üblem Geruch«, einem »Gewicht am Rücken«, einer »schwarzen Wolke« oder einer »befehlenden Stimme«. Während solcher Zeiten sind seine Worte nicht seine eigenen und seine Handlungen nicht die seines Willens.

Margaret war 73 Jahre alt, als ihre »Anfälle« plötzlich begannen. Heftige Ausbrüche von Zorn, unprovozierte Aggression gegen ihre jüngere Schwester, mit der sie lebte, Anfälle mit dem Zerschlagen von Sachen ohne jede bewußte Absicht, traten im Gegensatz zu ihrem sonstigen Wesen auf. Ihre Mutter, die vier Jahre vorher im Alter von 96 Jahren gestorben war, hatte sich ähnlich verhalten. Nach jedem Anfall war Margaret voll von Entschuldigungen und echter Reue, aber unfähig, eine Erklärung zu geben. Als ihre Schwester Nellie meine Hilfe suchte, einigten wir uns, daß sie beim nächsten qualvollen Erlebnis Satan im Namen Jesu Christi befehlen wollte, Margaret zu verlassen. Als sie das jedoch versuchte, schlug Margaret sie mit großer Kraft quer über das Gesicht und schrie: »Das ist Großtante Agnes! Das ist Großtante Agnes!«

Darauf zeichneten wir die Ahnentafel ihrer Familie mit allen Einzelheiten, die wir kannten, und es zeigte sich eine befremdende Regelmäßigkeit: In den vergangenen sechs Generationen hatte das älteste weibliche Glied der Familie ein ähnlich gestörtes Verhalten gezeigt. Dieses Merkmal hatte etwa um 1750 begonnen, als in der Familie ein Mord begangen worden war. Die älteste Tochter Elisabeth wurde Alkoholikerin und vernichtete viel Familieneigentum, bevor sie sich im Alter von 40 Jahren zu Tode trank. In der Folge hatte jede älteste Tochter in der Familie bei der leichtesten Reizung Wutanfälle mit Gewalttätigkeit gehabt, bis herunter zu meiner Patientin Margaret, geboren 1904.

Ihre Nichte Rhonda, die älteste Tochter ihrer jüngsten Schwester, war geboren 1941 und war 32 Jahre alt. Sie hatte

Die Ahnentafel von Margaret und Rhonda:

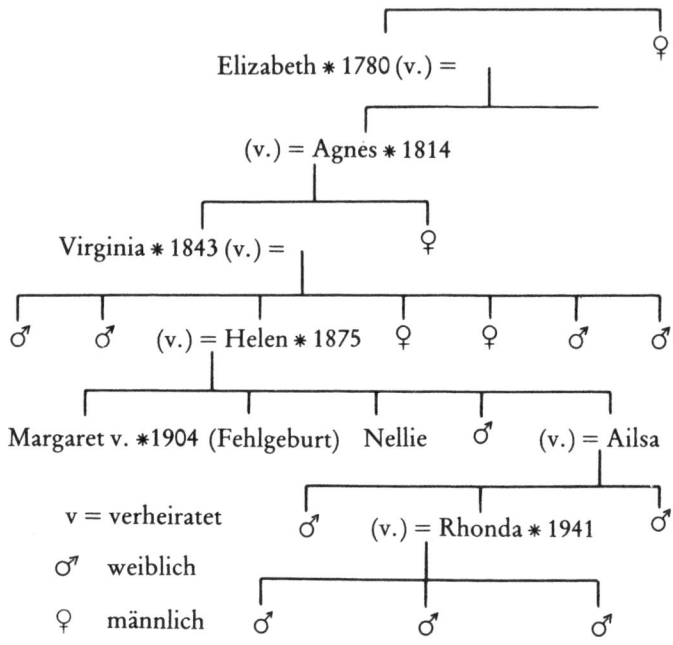

mehrere Monate hindurch psychiatrische Behandlung erhalten, bevor Margarets Fall zu mir gebracht wurde. Rhonda hatte dieser Behandlung erst zugestimmt, nachdem ihr Ehemann eines Abends bei der Rückkehr nach Hause arg beschädigte Möbel, zerbrochene Fenster und eine allgemein chaotische Situation vorgefunden und gedroht hatte auszuziehen, die Scheidung einzuleiten und die Kinder mit sich zu nehmen. Sie begriff, daß sie Hilfe brauchte, und stimmte zu, einen Psychiater aufzusuchen. Rhonda und ihr Mann hatten drei Kinder, alle männlich, daher war vielleicht die Erblichkeit dieser gestörten Anlage der ältesten Töchter in der Familie irgendwie für die Zukunft gebrochen.

Dennoch entschieden wir uns, die Eucharistiefeier für Rhonda und für die ältesten weiblichen Glieder der vorhergegangenen sechs Generationen darzubringen. Mit zwei Priestern, einem Arzt, zwei Krankenschwestern, Nellie und mir hielten wir einen Gottesdienst für diese Vorfahren, die anscheinend zu dieser Kette von Wutanfällen mit Gewalttätigkeit beigetragen hatten. Obwohl der Gottesdienst privat, ohne das Wissen meiner Patientin Margaret oder ihrer Nichte Rhonda gefeiert wurde, hatte keine der Frauen irgendwelche weiteren Anfälle. Rhondas Verhalten wurde vollkommen normal, und ihr Ehemann ließ die angedrohte Scheidungsklage fallen. Ihre Ehe konnte normal zur Ruhe kommen. Margaret wurde wieder eine fürsorgliche ältere Schwester, und Nellies Schwierigkeiten waren zu Ende.

Der Schnitt durch die Bindung und die Übertragung der Herrschaft an Jesus Christus können gleichzeitig sein und können bei Nicht-Christen ebenso wie bei Christen geschehen. Esther war eine 70jährige Witwe, deren schizophrener Sohn Samuel in einem Krankenhaus auf der anderen Seite der Welt war. Sie war sehr bekümmert um sein Wohlbefinden und seine Zukunft. Aus seinen verwirrenden und unvollständig dargestellten Symptomen wurde bald ersichtlich, daß seine Krankheit nicht einer medizinischen Abnormität, sondern weithin dem lebenslangen Einfluß seiner Mutter auf ihn zuzuschreiben war. Ich schlug vor, daß wir das Problem Jesus Christus im Gebet vorlegen und Esther ihm gestatten sollte, die Herrschaft über ihren Sohn und sie zu übernehmen. Da sie Jüdin war, war das kein einfacher Gedanke für sie, und sie brauchte Zeit zur Überlegung. Tatsächlich war von ihr verlangt, ihrem Glauben abzusagen und Christin zu werden. Sie verließ mich und ging, stark bedrückt, hinaus in die Nacht. Plötzlich sah sie in der Finsternis ein großes, glühendes Kruzifix. Das konnte ein Ergebnis ihrer eigenen Einbildung sein, als sie geistig den Inhalt unserer Aussprache überlegte. Aber sie konnte sich nicht die Stimme Jesu Christi eingebildet haben, die sie hörte. Er sagte ihr klar, daß sie ihren Sohn Samuel für ihn freigeben und auch sich selbst ihm übergeben müsse. Sie war überwältigt von dem Ruf, Jesus in diesem Augenblick in ihr Herz aufzunehmen, und fühlte sich dann fähig, ihren Sohn an ihn freizugeben. Auf der anderen Seite der Welt kam es bei Samuel ohne Kenntnis von der Bekehrung seiner Mutter zu seiner stetigen Gesundung des schizoiden Zustandes. Die Mutter nennt sich jetzt eine erfüllte Jüdin.

Ein Fall von wiederholtem Verhalten wurde mir durch einen Priester[3] und Vater einer Frau namens Norma vorgelegt. Norma hatte einen Trieb entwickelt, die Augen ihrer eigenen Kinder auszustechen – ein Zug, der mehr Praktiken des 16. Jahrhunderts entspricht als modernem Verhalten. Wir sprachen über seine Ahnen, und als wir die Ahnentafel aufzeichneten, entdeckten wir, daß vor Generationen der Aufenthalt der Familie ein Schloß gewesen war, mit Burggraben und Verlies. Die Familie des Priesters war nie dort gewesen. Wir machten einen Rundgang in dem Schloß und fanden eine Folterkammer im Verlies, die unter anderen bösen Dingen auch Geräte enthielt, die für die Tat gebraucht worden sein konnten, wie sie Norma jetzt verfolgte.

Ich schlug vor, daß ihr Vater als Priester bei seinem Bischof vorsprechen sollte, und sie entschieden, in fünf Tagen eine Eucharistie für die Toten zu feiern. Zu unserem Erstaunen erfuhr er, daß seine Tochter von ihrer Besessenheit an dem Tage vollkommen befreit wurde, an dem diese Entscheidung getroffen worden war. Sie hatte keine Kenntnis von dieser Absicht gehabt; das Krankenhaus, in dem sie in einer Gummizelle untergebracht war, war mehr als 160 km entfernt, und sicherlich wären wir unfähig gewesen, ihre Zustimmung zu erhalten. Später entdeckten wir, daß in einem anderen psychiatrischen Krankenhaus eine Tante, die mir ganz unbekannt war, um dieselbe Zeit geheilt wurde. Die Entscheidung, die Eucharistie zu feiern, hatte eine Wirkung weit über das hinaus gehabt, was wir erhofft hatten. Wir hielten die Eucharistiefeier fünf Tage später, aber nun war es eine Feier der Danksagung.

Ähnliche somatische Krankheiten oder Krankheitssymptome können einen identifizierenden Hinweis auf den Ahnen bieten, der eine Eucharistiefeier braucht. Ein Akademiker von 65 Jahren entwickelte periodische Anfälle von Atemlosigkeit, für die die Ärzte keine medizinische Ursache finden konnten. Es sickerte durch, daß sein Vater viele Jahre früher in betrunkenem Zustand ertrunken und anonym begraben worden war, ohne liebende Übergabe durch die Familie oder sonst jemanden. Meine Erklärung, daß die Atemlosigkeit eine Auswirkung des unbetrauerten Todes seines Vaters sei, versetzte den Mann in Wut. Als jedoch seine Anfälle drei Monate später sich fortschreitend verschlechtert hatten, stimmte er der Abhaltung eines Begräbnisgottesdienstes für seinen Vater zu. Wir hielten den Gottesdienst, und er war geheilt.

Ein junger Schulleiter suchte mich eines Tages in großer Verzweiflung auf, weil er wiederholt denselben Alptraum hatte. Jedesmal stand er am Rand eines »finsteren Abgrundes, der die Ewigkeit zu sein schien« und konnte sich nicht bewegen. Die bösen Träume hatten begonnen, als er beim Versuch, sein Alkoholproblem zu überwinden, über seine Religion ernstlich nachgedacht hatte und sie nicht mehr unbewußt ablaufen ließ. Schließlich kam heraus: Als er zwei Jahre alt war, starb sein Vater auf dem Deck eines Unterseebootes, als es während des Krieges versenkt wurde. Da mein Patient römisch-katholisch war, schlug ich vor, daß er seinen Priester um die Feier einer Totenmesse (Eucharistie von der Auferstehung) für seinen Vater bitten sollte, der offenbar nicht kirchlich beerdigt worden war. Der Mann stimmte zu und der »schwarze Abgrund der Ewigkeit« trat nicht wieder auf.

Wenn meine Patienten Stimmen hören, aber diese nicht auf die übliche Medikation ansprechen, nehme ich sie sehr ernst.

Gil machte sich in der Schule gut und war ein guter Sportler. Im Alter von 14 Jahren, am Tage nach dem Tode seines Vaters, schloß er sich in sein Zimmer ein und weinte. Er blieb so vom Kummer gebeugt, daß er schließlich als ein Fall von atypischer Schizophrenie ins Krankenhaus kam und die meiste Zeit damit verbrachte, Stimme und Gehaben seines Vaters nachzuahmen und mit ihm zu sprechen.

Als Gil zwölf Jahre lang im Krankenhaus ohne Besserung gewesen war, wandte sich seine Mutter an uns um Hilfe. Um seine Behandlung nicht zu stören, sah ich Gil nicht selbst. Seine Mutter sagte mir, daß die Familie und auch sein Vater bis zum Tode keinen religiösen Glauben hatte, und sie erinnerte sich kaum an das kirchliche Begräbnis. Sie erläuterte: »Er war ein furchtbarer Mann, Gottseidank, daß wir ihn los sind! Alles war so plötzlich und furchtbar, daß ich es so rasch wie möglich vorbei haben wollte. Ich glaube, es war eine Einäscherung, aber es war alles in wenigen Minuten vorbei, und ich habe keine Ahnung mehr, was gesprochen wurde.«

Sie stimmte zu, ihren verstorbenen Mann in einer neuerlichen Feier Gott anzuvertrauen, und an einem Sonnabendnachmittag hielten wir mit einem anglikanischen Priester und einem methodistischen Seelsorger einen einfachen Gottesdienst in einer Kapelle, ohne daß etwas Dramatisches vorgefallen wäre. Am nächsten Tag, dem Sonntag, durfte Gil zum Mittagessen seiner Familie nach Hause. Sein älterer Bruder und seine Schwester bemerkten an ihm eine Änderung, aber er bestand darauf, mit einer Erklärung auf die Rückkehr seiner Mutter zu warten.

Anscheinend war er am vorhergehenden Nachmittag wie gewöhnlich weinend und nach seinem Vater rufend, in der Bücherei des Krankenhauses gewesen. Plötzlich fiel ihm ein, daß es selbstsüchtig war, die unmögliche Rückkehr seines Vaters ins Leben zu verlangen – ein Gedanke, der ihm nie vorher gekommen war. Obwohl er nicht an Gott glaubte, befand er sich dann im Gebet, daß Gott sich seines Vaters annehmen solle.

Gil fügte lächelnd hinzu: »Seit diesem Augenblick habe ich mich wohlgefühlt.« Wir brachten heraus, daß dieses Ereignis etwa zu derselben Zeit stattgefunden hatte, als wir den Gottesdienst für seinen Vater hielten. Gil ist wohlauf und normal geblieben und hat nie wieder mit seinem Vater »gesprochen«.

Sobald die Bindung durchschnitten ist, gleichgültig mit wem oder wie lange sie bestand, muß der verbliebene Leerraum vollständig der Herrschaft Jesu Christi übergeben werden. Der Patient ist sich oft dessen voll bewußt, und die Übergabe wird aufrichtig sein. Christus ist die Aufsicht über den kontrollierenden Geist übergeben worden und ihm muß die vollkommene Fürsorge für das Leben übertragen werden, das nun nicht mehr kontrolliert ist. Die Bindung kann so stark sein, daß sie über den Tod hinaus dauert, besonders, wenn sie eine liebende ist. Es ist bei einem Ehemann oder einer Ehefrau nicht ungewöhnlich, um einen toten Partner so zu trauern, daß sie selbst vorzeitig sterben, fast als hätten sie das gewollt. Witwen leiden im ersten Jahr der Witwenschaft das zehnfache des Normalen an ernster Krankheit und Tod. Damit ist keine üble Absicht verbunden, aber solche Trauer könnte leichter mit Jesus Christus getragen werden.

Bindungen zwischen nicht verwandten Personen können sich auch über den Tod hinaus fortsetzen. Wo die Beziehung eine intime gewesen ist, kann die fortgesetzte Beherrschung durch den toten Partner vom lebenden aktiv gesucht werden. Eine solche Bindung muß abgeschnitten werden; sie ist gänzlich destruktiv. Georgina war 23 Jahre alt, als sie zu mir gebracht wurde. Sie war als Lehrerin ausgebildet, aber mehrmals für geistesgestört erklärt worden. Sie war ärztlich als schizophren bekannt, aber unter verschiedenen psychiatrischen Bezeichnungen. Nicht einmal Medikamente, Elektroschocktherapie und sechzehn Psychiater hatten ihr dauernde Heilung gebracht. Sie sagte mir, daß ihr wirkliches Problem die zeitweiligen Bewußtseinsstörungen (blackouts) waren. Sie kamen unangekündigt und dauerten drei bis vierzehn Tage. Während dieser Perioden benahm sie sich auffällig, konnte sich aber nachher an nichts davon erinnern. Als ihr einmal Geld der Schule anvertraut worden war, um es auf die Bank zu bringen, fand sie sich nachher auf der Straße, beladen mit nutzlosen Geschenken, an deren Einkauf sie keine Erinnerung hatte.

Als sie am Ende unserer ersten Unterredung fortging, sagte sie plötzlich: »Aus irgendeinem Grund kann ich sie nicht anlügen.« Dann erzählte sie mir, daß sie jahrelang eine lesbische Beziehung zu einer Krankenschwester gehabt hatte, die dann starb. Tage- oder wochenlang konnte sie sich in Kontakt mit ihrer toten Freundin hineinträumen und mit ihr Gespräche führen. Während solcher Zeiten lag sie auf dem Bett, ohne etwas um sie herum zu beachten. Georgina und ich gingen zu einem Priester, der am Altar kniend, mit dem Befehl an den beherrschenden Geist, »im Namen Jesu Christi an den ihm bestimmten Platz« zu gehen, ganz einfach die Bindung durchschnitt.

In diesem Augenblick stieß das Mädchen einen Schrei aus, und dann war alles friedlich. Nachher sagte sie, sie fühlte, als ob in ihrem Kopf ein Loch wäre, das sich jetzt rein anfühlte. Ihre befremdlichen »blackouts« hörten auf, und sie wurde angeregt, eine neue geistliche Lebenszucht anzunehmen. Jetzt ist sie glücklich verheiratet und berichtet, daß ihre Erfahrungen eine Hilfe für andere Leute in ähnlichen Lebenssituationen gewesen sind.

Die Mehrheit der Fälle von beherrschender Bindung an Lebende oder Tote sind nicht so dramatisch oder geheimnisvoll wie bei Georgina, sondern ähnlicher der häufigen Bindung einer Frau an einen idealisierten Vater, den sie in einem Ehemann sucht; oder eines Mannes an die Schürzenbänder seiner Mutter.

Harry heiratete die junge Empfangsdame im Hotel seiner Mutter, und die Neuverheirateten wohnten weiter im Hotel. Seine Frau entwickelte eine schwere Depression, die sie am Schlafen hinderte. Schließlich wurde durch eine Eucharistiefeier das Band zwischen Harry und seiner Mutter durchschnitten und sie war einverstanden, daß Harry und seine Frau aus dem Hotel auszogen, um in einem Dorf in einiger Entfernung zu wohnen. Als Harry von der Kontrolle durch seine Mutter befreit war, gewann er eine neue Beziehung zu seiner Frau; sie ihrerseits war von ihrer Depressivität befreit. Alle drei gingen eine neue, unzerstörbare geistliche Bindung ein.

Die Eucharistie wird in ruhiger, betender Weise abgehalten. Heilung geschieht an dem Patienten durch eine friedliche Übergabe an Jesus Christus, sobald seine liebende Erlösung angenommen wird. Befreiung kann sofort nach der Ankündigung der Absicht eintreten, den Fall vor Gott zu bringen. In anderen Fällen tritt die Heilung im Verlauf des Gottesdienstes ein, auch auf Entfernung. Manchmal beginnt dann erst der Heilungsvorgang und wird Monate nach dem Gottesdienst endgültig wirksam.

In allen Fällen von Bindung sollten alle Mittel der Psychiatrie ausgenützt werden, um die Persönlichkeit zu reintegrieren, aber es ist wesentlich, daß sie in Verbindung mit dem Gebet und der Eucharistiefeier angewendet werden, die die Kraft hat, sowohl die destruktive Bindung zu brechen, als auch lebensspendende Bindungen an Jesus Christus entstehen zu lassen.

3. CHRISTUS HEILT

Bei der Vorbereitung auf eine Eucharistiefeier zur Befreiung zeichnen wir die Ahnentafel der Familie auf und stellen die Personen fest, für die wir beten werden. Im Falle von Kindern, die totgeboren, fehlgeboren oder abgetrieben wurden, ist es hilfreich, sie beim Namen zu nennen (Jes. 49,1.) Wenn das Kind keinen Namen hatte, wird manchmal der Herr einen vorschlagen oder die Familie mag jetzt einen wählen, damit das Gebet spezifischer und persönlicher wird.

Dann entscheiden wir, wessen Gegenwart wir wünschen. Manchmal sind nur wenige Leute beim Gottesdienst. Oft wird er ohne Gegenwart derer zelebriert, für die die Eucharistie dargebracht wird, oder tatsächlich ohne ihre Zustimmung oder ihr Wissen von dem, was für sie geschieht. Häufig kann ihr Geisteszustand, ihre geographische Entfernung oder ihr Desinteresse an der Eucharistie ihre Anwesenheit verhindern. Aber immer, wenn es möglich ist, trachten wir, die lebenden, gebetsbedürftigen Personen tatsächlich bei uns zu haben, damit sie um Führung bitten, und – höchst wichtig – lernen, wie sie das Gebet aus eigenem Antrieb bei künftigen Eucharistiefeiern fortsetzen können. Es scheint hilfreich, wenn sie anwesend sind und die Liebe Jesu Christi für sie selbst und für ihre Vorfahren annehmen können. Wir laden auch andere liebende Mitglieder der Familie oder Freunde ein, die mitzubeten wünschen, auch Nichtchristen, deren Denken offen ist für die Erfahrung der Kraft Jesu. Je mehr Liebe gegenwärtig ist, desto näher kommen wir Jesus und desto mehr Heilung geschieht.

Üblicherweise beginnen wir mit einem frei formulierten, lauten Gebet und bitten den Vater, die Toten zu versammeln, für die wir beten; bitten um alle Heilung, auf deren Eintritt während des Gottesdienstes wir vertrauen; bitten, daß die Toten und ihre lebenden Nachkommen Vergebung und Fülle des Lebens erhalten; verlangen, daß Satan fortgeht, und bitten, daß der Heilige Geist alle Unzulänglichkeiten unserer Gebete ausgleicht. So haben wir uns auf die Eucharistie vorbereitet und sind bereit für das Vaterunser.

Ich bin kein Theologe. Ich bin ein einfacher Forscher mit einem beschränkten Verständnis für das Wirken von Gottes heilender Kraft. Nach aufmerksamem Beobachten und Horchen scheint es mir, daß es vier bestimmte Stufen oder Bewegungen in dem Erscheinen dieser heilenden Kraft gibt, die verschiedenen dargebotenen Gebeten entsprechen.

Erste Stufe

Durch unser Gebet »Erlöse uns von dem Bösen« aus dem Vaterunser, mit dem wir den Gottesdienst beginnen, bitten wir Gott, die Lebenden und die Toten von jeder Bindung an den Bösen zu befreien. Dieses Befreiungsgebet bittet, daß wir von ihm beschützt werden mögen, und befiehlt im Namen Jesu Christi, daß der Böse gebunden und friedlich an Jesus Christus übergeben werde. Wir bitten tatsächlich, daß Jesus Christus durch sein Blut – repräsentiert durch den dargebotenen Wein – die Blutbahnen der Lebenden und der Toten von allem reinige, was gesundes Leben blockiert, besonders durch den Bruch aller ererbten Prägungen und Flüche und durch Austreibung aller bösen Geister. Darin gehorchen wir dem Befehl des Herrn, nicht nur zu heilen, sondern auch den Bösen auszutreiben (Mark. 16,17f.).

Da Satan sich durch Quälen unserer toten Verwandten und auch durch menschliche Gewalttat und Verbrechen, ebenso wie in emotioneller und physischer Unordnung ausdrücken kann, ist es wesentlich, uns und die Toten durch die Eucharistie von allen unsichtbaren Wegen des Bösen zu entfernen. »Ihr könnt nicht den Becher des Herrn und auch den Becher der Dämonen trinken, ihr könnt nicht sowohl am Tisch des Herrn und am

Tisch der Dämonen Gäste sein« (1. Kor. 10,21). Durch die Teilnahme am Becher des Herrn brechen wir die alten Bündnisse mit dem Bösen und treten ein in den Neuen Bund mit Gott.

Zweite Stufe

Die zweite Stufe der Heilung beschäftigt sich mit lebendiger Vergebung. Durch die Bitten um Vergebung, das Kirchengebet und die Schriftlesungen bieten wir die Liebe und Vergebung des Herrn den Lebenden und den Toten gegen alle Angriffe an, die Satan unternommen hat. Den Toten muß vergeben werden, wenn wir ihnen durch die Eucharistiefeier helfen sollen. Wenn ein Patient nicht tatsächlich einem toten Verwandten verzeihen kann, sollte er sich fragen, ob er wirklich den *Willen* hat, ihm zu vergeben, selbst wenn er die Vergebung noch nicht in seinem eigenen Herzen fühlen kann. Wenn er nicht aufrichtig den Anfang des Vergebens und Liebens *will*, sollte er die Eucharistiefeier verlassen, weil Liebe und Gebet aufrichtig sein müssen, um wirksam zu sein (Mt. 5,23f).

Wenn die Eucharistie nicht wirkt wie erwartet, habe ich gewöhnlich herausgefunden, daß die betroffene Person im Vergeben und im Lieben nicht aufrichtig war. Die Tiefe der Vergebung muß so groß sein wie die des Herrn bei seinem Tode für diese Person. »Das ist mein Blut des Bundes, das für viele vergossen wird zur Vergebung der Sünden.« (Mt. 26,28).

Zum Toten zu sagen »ich vergebe dir«, ist vielleicht nicht mehr als ein leeres Wort, hinter dem sich ein gänzlicher Mangel des Vergebungswillens versteckt, oder es bleibt doch weit zurück hinter der gänzlichen Vergebung Jesu Christi. Im Gleichnis vom verlorenen Sohn stellt Jesus die vollständige Vergebung dar: Erstens, wie der Vater ständig nach der Rückkehr seines Sohnes ausschaut, müssen wir uns die ganze schmerzliche Zerstörung fühlen lassen, die wir vergeben wollen, statt daß wir sie in Verweigerung hinunterschlucken. Wenn wir sie uns nicht vor Augen halten, können wir nicht wählen, sie zu vergeben.

Zweitens müssen wir den lieben, der uns die Zerstörung angetan hat, wie der hl. Augustinus sagt: »Hasse die Sünde, aber liebe den Sünder«. Wenn wir uns einmal die volle Zerstörung vor Augen halten, müssen wir uns entscheiden, was wir wollen, und ob wir es wählen, ohne Bedingung zu verzeihen, selbst wenn der andere niemals darauf eingeht oder sich ändert. Vergebung (im Englischen: »Vorausgeben«) ist Liebe, die *gegeben* wird, *bevor* der andere sie gegeben, verdient, angenommen oder auch nur verstanden hat. Das ist der Vater, der hinausläuft, um den verschwenderischen Sohn zu umarmen, bevor er weiß, ob der Sohn in Reue über all die verursachte Zerstörung gekommen ist oder ob er nur zurückkommen möchte, um mehr Geld zu verlangen. Er liebt seinen Sohn nicht, weil er es verdient hat oder es verstehen kann, sondern einfach weil er die Liebe seines Vaters braucht und ohne sie nicht wachsen kann.

Jesus Christus erlaubt uns zu wählen, ob wir der ältere Sohn sind, der sich auf seinen eigenen Schmerz konzentriert, oder der Vater, der sich auf den Schmerz des Sohnes konzentriert und die Arme der Heilung zum Willkommen ausbreitet. Dieser Vater konzentriert sich nicht auf die Zerstörung, sondern auf das Wachstum, das den Sohn und den Vater näher zueinander und zu Gott bringen kann.

Die Feier der Eucharistie bringt doppelte Vergebung mit sich; durch Jesus Christus vergeben wir nicht nur den Toten, sondern wir bitten sie auch, uns zu vergeben. Wieso brauchen wir Lebenden die Vergebung? Um das oft unerkannte Übel in uns selbst zu identifizieren, um es so bekennen und vom Herrn Vergebung empfangen zu können, sollten wir fragen, ob wir versäumt haben, ein ausgewogenes Leben zu führen, und ob wir beherrschenden Kräften außerhalb unserer selbst die Schuld an einem Verhalten zuschreiben, das wir selbst ändern könnten. Wir sollten auch in Frage stellen, ob wir mehr an die Kraft des bösen Feindes zur Herrschaft über uns glauben, als an Gottes Kraft, Freiheit zu bringen. Was treibt Gott aus dem Leben eines Menschen hinaus? Das können Drogenmißbrauch, Geldgier, Sex oder okkulte Praktiken sein. Leicht geben wir uns auf durch die Weigerung, Gottes Kraft in jedem Teil unseres Lebens so wirken zu lassen, daß unser Wille ihm total übergeben wird. Wir müssen uns auch fragen, ob ein Teil von uns nicht ein totes Kind gewollt oder jemanden von unseren Vorfahren abgelehnt hat, oder ob wir einem toten Verwandten wirklich das vergeben haben, was er uns oder einem geliebten Menschen angetan hat. Es ist sinnlos zu sagen »Ich könnte ihm alles vergeben, außer daß...« oder »Wenn er nur das nicht getan hätte, wollte ich ihm vergeben....«

Manchmal wissen wir, wie lieblos und der Vergebung Gottes bedürftig die Toten waren, weil viele sündhafte Gewohnheiten von einer Generation auf die andere übergegangen sind (wie wir in Kapitel zwei gesehen haben). Daher könnten wir beten, daß durch unseren Herrn alle jene Vorfahren, die an der Weitergabe z. B. von Wutanfällen beteiligt waren, unsere Vergebung erhalten mögen. Wir können den Herrn um Hilfe für sie bitten, seine Vergebung dieses Übels (Wutanfälle) anzunehmen und auch des sonstigen Übels, das nur er kennt (2. Kor. 5,18–20).

Tom kam mit einem Geheimnis zur Eucharistie. Sein ganzes Leben hatte er sich sehr geschämt, daß er unehelich geboren und wenige Tage nach seiner Geburt adoptiert worden war. Folglich wußte er nichts über seine Abstammung und wußte nicht, wie er beten sollte. Statt diese Schwierigkeit bei unserem Gottesdienst zu erklären, bat er nur um Gebet für »Vater« und »Mutter«.

Während dieses Vergebungsritus konnte er seine Adoptiveltern an der linken Seite des Altars sehen, und auf der rechten Seite konnte er einen kleinen Holzschuppen ausnehmen und darin zwei sichtlich sehr arme Leute, vermutlich seine wirklichen Eltern. Im Bewußtsein, daß der Herr ebenfalls anwesend war, bat Tom einfach: »Was wird von mir erwartet, daß ich dazu tue?« Als Antwort sah Tom Maria, die Mutter Jesu Christi, die anscheinend um den Altar herum Kinder begrüßte, zu ihm herüberkommen. Das überraschte ihn, da seine religiöse Überlieferung nicht viel Verehrung für Maria mit sich brachte. Sie sagte ihm, er möge sich nicht beunruhigen, da sie wüßte, was zu tun sein, und sie kehrte zum Altar zurück. Dort führte sie die beiden Elternpaare zusammen und sie umarmten sich liebevoll, bevor Engel sie alle langsam in ein helles Licht hinaufführten.

Obwohl wir nicht sicher sein können, was die leiblichen Eltern Toms erfuhren, fühlten sie sich vielleicht so abgeschlossen wie er früher, und brauchten die Liebe und die Beruhigung durch die Adoptiveltern, bevor sie in Frieden sein konnten. Wie Tom das beobachtete, fühlte er die Verwirrung aus seinem Leib weichen, und Dankbarkeit erfüllte sein Herz gegen alle diese vier Menschen, die weithin für die Entwicklung seines Lebens verantwortlich waren. Er hatte Versöhnung mit seinen Eltern gebraucht, die ihn als unehelich gebrandmarkt hatten. Jetzt fühlte er sich so frei, daß er nicht nur seiner Frau und seinem Kind die ganze Geschichte erzählte, sondern auch sein Geheimnis seiner Kirchengemeinde mitteilte. Viele davon waren so bewegt, daß sie am nächsten Abend zur Eucharistiefeier mit ihren Ahnentafeln kamen, und sie wurden von zahlreichen Krankheiten geheilt. »Mit der Vergebung, die wir gewähren, wird auch uns vergeben.«

Dritte Stufe

Das dritte Heilungsstadium ist vielleicht das schwierigste, denn in ihm lädt uns Jesus Christus ein, Zeugnis für seinen Tod und seine Auferstehung abzulegen, womit er die Toten zu sich nimmt. »Immer, wenn ihr dieses Brot eßt und diesen Kelch trinkt, verkündet ihr den Tod des Herrn, bis er kommt« (1. Kor. 11,26). Während dieses Teils des Gottesdienstes mögen die beteiligten Menschen auf den Altar ihre Ahnentafel zusammen mit den Gaben des Brotes und des Weines legen, die dann Gott geopfert und konsekriert werden. Wir beten, daß – gerade, wenn Jesus Christus das Brot und den Wein segnet und sein Leben in die Gaben kommt – es so auch in die Familien kommt, die dargebracht werden: die Toten und die Lebenden, für die wir beten. Oft spreche ich beim Empfang der Kommunion den Namen des Toten aus, um darauf hinzuweisen, daß ich in seinem Namen empfange und unseren Herrn bitte, zu dem genannten Menschen zu kommen.

Während der Darbringung der Gaben für die Kommunion können wir manchmal den Menschen, den Gott heilt, anschaulich schildern. Sieben von uns hatten sich zur Eucharistie für Dorothy versammelt, die sechs Jahre an anorexia nervosa (Magersucht) gelitten hatte. Ohne ihr Wissen beabsichtigten wir das Gebet für ihre abgetriebene Schwester und für ihren Vater und Großvater, die beide Selbstmord begangen hatten. Ganz plötzlich kam es mir vor, als erscheine die holzgeschnitzte, schwarze Gestalt unseres Herrn am Kreuz auf der großen Backsteinwand hinter dem Altar. Ich sagte: »Ich dachte, Herr, Du wärst im Himmel; wieso bist Du nicht lebendig?« Es kam keine Antwort. Dann hörte ich jemanden geräuschvoll durch das Seitenschiff schreiten und nahm an, es sei ein Städtebummler. Unfeierlich schob sich diese Person, ein Mädchen um die Zwanzig mit langem blonden Haar und einem knöchellangen Kleid, zwischen unsere Gruppe und dem nahen Kommunionstisch. Sie ging hinauf zum Kreuz, der Herr stieg nieder und zog sie in seine Arme: Dort blieb sie weinend während der Konsekrationsgebete des Priesters bis fast zum Ende der Kommunion. Dann verschwand die ganze Szene.

Nach dem Gottesdienst fragte ich den Priester, warum er seine Gebete so sehr auf Kinder konzentriert hatte, während er die beiden Selbstmörder ausließ. Er antwortete, daß er im Verlauf des Gottesdienstes fühlte, daß der Vater und der Großvater genügend Liebe erhalten hatten, und er daher jetzt das Hauptaugenmerk auf das abgetriebene Kind richtete. Dorothys Mutter sprach plötzlich dazwischen: »Ja, für sie habe ich gebetet. Ich hatte ein Bild vom Herrn und hörte, daß der Name meines Babys June war, daher wußte ich, daß sie ein Mädchen gewesen war. Sie wäre im Juni geboren worden.« Darauf erzählte ich ihnen von meinem Bild von dem Mädchen, das zum Kreuz kam, und Dorothys Mutter sagte: »Das stimmt, das hörte sich ganz wie meine anderen Kinder an, lärmend, ungeschickt und blond. Meine Abtreibung war genau vor 21 Jahren.«

An diesem Abend reiste sie in die Stadt, wo Dorothy krank zu Bett lag. Als das Mädchen hörte, was bei dem Gottesdienst geschehen war, sagte sie: »Ich kenne sie. Sie hat mich beim Namen gerufen, bat mich Jahre hindurch um Hilfe, aber ich wagte nie, das jemandem zu erzählen, weil ich dachte, ich würde wegen Stimmenhörens eingesperrt.« Dorothy und ihre Mutter waren nun im Frieden. Dorothy aß normal und machte eine Woche später eine Bahnreise von 800 km, um uns allen Danke zu sagen.

Jeder von uns sieben erlebte diese Eucharistiefeier verschieden. Der Priester fühlte eine starke Erfahrung, Dorothys Mutter hörte eine anweisende Stimme, und ich hatte eine klare Vision. Die anderen vier Anwesenden unterstützten uns und beteten einfach, Gott möge in seiner liebenden Art an Dorothy handeln. Die Hauptsache bei einer Eucharistiefeier ist nicht, uns zu plagen, welches unsere eigenen Erfahrungen sein werden – Gefühle, Stimmen oder Visionen –, sondern daß wir uns darauf konzentrieren, den Herrn dem Toten zu zeigen und ihn den Lebenden Heilung bringen zu lassen. Die Eucharistie gebraucht alle traditionellen Mittel, Böses zu vertreiben: Heilige Schrift, Gebet im Namen Jesu Christi, Bekenntnis der Sünde und Absolution, Bekenntnis des Glaubens, das Vaterunser, Gemeinschaft im anbetenden Lob, Kommunion, Handauflegung und Segnung. Böse Geister fürchten die gewaltige Kraft des Guten, die dieses bewirkt, und auch die Art, in der der Geist Gottes die Herzen der Menschen ändern kann. Das Opfer Christi, das er ohne Vorbehalt für die Erlösung des Menschen darbrachte, reinigt das Gewissen des Menschen, sodaß er fähig ist, Gott wahrhaft zu dienen.

Als zum Beispiel Tom seine echten und seine Adoptiveltern einander mit Maria umarmen sah, erfuhr er Mariens tiefes Mitleid mit ihnen und begann Liebe zu fühlen, während er vorher sich als Waise abgelehnt gefühlt hatte. In Maria hatte Tom auch entdeckt, daß er eine ganz besondere Mutter hatte, deren Liebe seine Verletzung erreichen konnte. Wenn Tom nichts gesehen hätte, ist zu bezweifeln, ob seine ganze Person sich geheilt gefühlt hätte. Jesus Christus läßt uns oft sehen, was wir – wie er weiß – zu erfahren brauchen, damit Heilung stattfinden kann.

Jeder von uns ging von dem Gottesdienst für Dorothy weg mit einer tiefen Liebe zu den anderen und zu Dorothy selbst (obwohl wir damals nicht wußten, daß sie geheilt worden war) und zu unserem Herrn. Eine solche Überfülle von Liebe konnte nur von Gott kommen (Gal. 5,22).

Zu verstehen, wie Liebe zu den Toten und den Lebenden von Jesus Christus ausgeht, und zu spüren, wer bei unseren Gottesdiensten gegenwärtig ist, kann uns helfen, unsere Gebete in die geeignete Richtung zu lenken. Als wir in England eine Eucharistiefeier für den schizophrenen Sohn einer amerikanischen Dame hielten, der in Amerika in einer Anstalt untergebracht war, lernte ich die Kraft des Gebetes auf Entfernung kennen, wie Gott die Toten zu sich zieht. An der Seite der Kirche bemerkte ich eine kleine, dunkle Figur mit runden Schultern wie ein Buckliger und dachte zuerst, es sei ein Küster oder Ministrant. Dann sah ich unseren Herrn in einer Vision auf der rechten Seite des Altars auf uns heruntersehen und sagen: »Endlich tut jemand etwas für ihn.« Als unsere Gebete endeten, schien der Bucklige aufwärtszuschweben in eine Anzahl von Gestalten in langen Gewändern, die um den Herrn gruppiert waren und sagten: »Wir werden uns um dich kümmern.«

Bei einer Schale Kaffee nach dem Gottesdienst beschrieb ich meine Vision und plötzlich schlug die amerikanische Frau mit der Faust hart auf den Tisch. »Das ist mein Vater«, rief sie entschuldigend, »ich betete für ihn. Er war ein kleiner Buckliger und beging Selbstmord. Ich habe es Ihnen nicht gesagt.« Vier Tage später hatte diese Mutter einen Brief von ihrem Sohn aus Amerika. Seine Schizophrenie war verschwunden. Bis heute, zwölf Jahre später, ist sie nicht wiedergekehrt. Soviel kann noch geschehen, selbst wenn der Patient nicht anwesend ist und nicht weiß, daß jemand für ihn betet.

Judy war das Lieblingskind ihres Vaters. Sie gerieten beide in einen schweren Verkehrsunfall im Ausland, als sie elf Jahre alt war, und sie erlitt verschiedene Brüche und eine schwere Gehirnerschütterung. Einen Monat lang lag sie im Koma. Als sie schließlich das Bewußtsein wiedererlangte, erfuhr sie, daß ihr Vater bei dem Unfall gestorben war. Judy wurde sehr deprimiert, dann schizophren und schließlich wurde die Diagnose »anorexia nervosa« (Magersucht) gestellt. An ihrem 15. Geburtstag wog sie knapp über 32 kg.

Zwischen 30 und 50 Prozent der Patienten mit anorexia nervosa sterben an dieser Krankheit, wenn sie mit konventionellen Methoden behandelt werden. 66 solche Patienten wurden in den vergangenen paar Jahren zu mir gebracht und 51 sind jetzt ganz gesund. Fünf wurden aus meiner Behandlung genommen und zehn sind noch nicht geheilt.

Judys Krankengeschichte zeigte, daß ihre Ärzte ihre physischen Symptome angemessen behandeln konnten, aber nach Prüfung ihres Blutbildes und Erkundigung über ihre Diät und ihre Schlafgewohnheiten verschrieb ich große Dosen eines Vitamin-B-Komplexes, um ihrer schwindenden allgemeinen Aufmerksamkeit und Konzentration aufzuhelfen.

Während unserer Konsultation wurden Judys Antworten auf meine Fragen durch mehrfache Erwähnung ihres toten Vaters unterbrochen. Dreimal sagte sie: »Ich möchte zum Vati«, und ich erfuhr, daß sie während eines ihrer Spitalsaufenthalte an Selbstmord als einen Weg dazu gedacht hatte. Sie machte auch auf mich den Eindruck, daß ihr fortgesetztes Leiden durch die Tatsache erschwert war, daß die Leiche ihres Vaters nach Hause geflogen und eher eilig eingeäschert worden war, während ihre Mutter und die übrige Familie sich vom Schock des Unfalls erholten und in äußerster Besorgnis um Judy selbst waren, die in einem Koma zwischen Leben und Tod schwebte.

Obwohl wir die Ahnentafel zusammen schonungsvoll auswerteten, bot sie keine Lösung, da keiner der Ahnen eines Gebetes zu bedürfen schien. Alle Geisteskräfte und physische Energie Judys waren auf ihren Vater konzentriert. Als sie fähig war zu akzeptieren, daß gerade er die Erlösung durch ihre eigenen Gebete brauchte, stimmte sie zu, an einer Eucharistiefeier ihres Priesters für ihn teilzunehmen. Am Morgen nach dem Gottesdienst begann Judys Mutter, das Mädchen zum Frühstück zu überreden und erwartete die übliche Weigerung. Die feste Antwort »Hör auf mit dem Getue um mich, ich habe Hunger!« überraschte sie beträchtlich.

Judys normaler Appetit kehrte wieder und sie machte radikale Änderungen in ihrem Leben durch. Geistliche Lebensführung wurde ein Teil ihrer Gewohnheit, mit stillen Zeiten zum Horchen auf Gott und zu täglicher Schriftlesung, ebenso wie regelmäßige Teilnahme an der Eucharistie in ihrer Kirche. Sie ist jetzt eine befähigte Krankenschwester und findet, daß die lange Geschichte ihrer Krankheit ihr zu größerem Mitleid für ihre Patienten verholfen hat.

Vierte Stufe

Beim Schlußsegen findet das vierte Stadium der Heilung statt. Wir verlagern unsere Aufmerksamkeit weg von den Nöten der Toten und beten vorwiegend für die Bedürfnisse der Lebenden. Die Anwesenden vereinigen sich oft schweigend in diesem Gebet durch Auflegung der Hände auf die besonders Heilungsbedürftigen, und der Seelsorger mag das Zeichen des Kreuzes (manchmal mit Öl) auf ihre Stirne machen und so die Heilung Jesu Christi konzentrieren.

Ein neunzehnjähriges epileptisches Mädchen, das rechtsseitig gelähmt war, erfuhr ihre Heilung bei der Segnung und Handauflegung nach der Eucharistie für ihren toten Großvater. Zu ihr kam die Heilung als eine Lösung, begann an ihren Schultern und breitete sich langsam durch ihren ganzen Leib aus. Nach dem Schlußgebet konnte sie sich normal bewegen. Sie hat nie wieder einen epileptischen Anfall gehabt. Durch Ausbreitung unserer Hände über den kranken Menschen werden wir durchlässig für den Ausdruck der Liebe Jesu Christi und vielleicht der Toten.

Dieser Ausdruck der Liebe setzt sich jedesmal bei der Feier der Eucharistie fort. Viele Heilige, wie Elisabeth von Thüringen[2], Therese von Avila, Thomas von Aquin und Malachias, berichten von der Kraft für die Lebenden, wenn die Eucharistie für die Toten aufgeopfert wird. Der hl. Bernhard gibt folgenden Bericht über die Erfahrung des hl. Malachias:

»Die Schwester des hl. Malachias war so weltlich gesinnt, daß sich ihr Bruder entschloß, sie Zeit ihres Lebens nicht mehr zu sehen. Obwohl er sie nicht im Fleische sah, bekam er sie wieder im Geiste zu sehen. Nach ihrem Tod hörte er eines Nachts eine Stimme mit den Worten, daß seine Schwester am Tor sei und sich beklage, daß sie dreißig Tage nichts zu essen gehabt habe. Als der Heilige erwachte, verstand er sofort, welche Nahrung sie brauchte; denn es war genau dreißig Tage her, seit er das Opfer des lebendigen Brotes (die Eucharistie der Auferstehung) für sie dargebracht hatte. Er begann wieder, ihr diese Wohltat zu spenden, die er ihr vorenthalten hatte. Bald sah er sie zur Kirche heraufkommen, aber sie konnte nicht eintreten, da sie noch ein schwarzes Kleid trug. Er brachte weiter jeden Tag für sie das heilige Opfer dar und sah sie bald ein zweites Mal, in einem helleren Kleid. Schließlich sah er sie ein drittes Mal, ganz in Weiß gekleidet und umgeben von seligen Geistern.«

Als Ergebnis der wiederholten Eucharistiefeier empfingen sowohl der hl. Malachias als auch seine tote Schwester Heilung. In seiner Herzenshärte hatte er sich entschlossen, seine Schwester nie wieder zu sehen, und er hatte die Versöhnung mit ihr benötigt. Durch die Eucharistie begann er, sie zu lieben, ihr zu vergeben und sie (mit dem lebendigen Brot) in Zwischenräume von dreißig Tagen und schließlich täglich zu ernähren. Wie er vollkommen wurde, wurde das auch seine tote Schwester. Er schätzte die heilende Kraft der für die Toten aufgeopferten Eucharistie hoch ein, und auf die Frage, wie er zu sterben wünsche, sagte er, er hoffe, das werde am Allerseelentag (2. November), im Kloster St. Bernhard geschehen, weil an diesem Tag jedes Jahr alle Mönche eine Eucharistie für die Abgeschiedenen aufopferten. Tatsächlich wurde ihm dieser Wunsch erfüllt, und der hl. Malachias starb am 2. November im Kloster St. Bernhard, als er dort am Wege nach Rom rastete.

Manchmal ist es notwendig, die Eucharistie mehrmals zu

wiederholen, bevor es klar wird, daß die Heilung geschehen ist. Während des Sommers 1978 wurde mir die Wichtigkeit einer solchen Wiederholung klar. Während ich in den Vereinigten Staaten war, brachte ein Bischof der amerikanischen Episkopalkirche einen seiner Priester auf Besuch zu mir. Vierzig Jahre lang hatte dieser Mann an Stottern und undeutlichem Sprechen gelitten und hatte viele Anstellungen wegen dieser Behinderung verloren. Keine medizinische Behandlung hatte ihm geholfen. Er hatte auch zwei rote, senkrecht verlaufende Stellen an der Vorderseite seines Halses, die oft bluteten, und einen ekzematösen Ausschlag im Gesicht und rund um den Bauch.

Bei Untersuchung seiner Abstammung fand ich, daß der Lieblingsbruder des Priesters Selbstmord begangen hatte, und daß es auch zwei Abtreibungen und zwei Fehlgeburten bei seinen unmittelbaren Vorfahren gab. Wir hielten eine Eucharistiefeier für sie, und als der Mann bei der Opferung der Gaben seine Ahnentafel auf den Altar legte, spürte ich den Herrn und seine Engel über uns. Vor ihm knieten zwei verschleierte Frauen. Ich fragte: »Herr, warum nicht vier Leute?« Er antwortete: »Diese zwei Frauen sind die Abtreibungen.« Ich sah auch zwei Engel einen Mann daherschleppen, der Widerstand zu leisten versuchte, und sie zwangen ihn, auf die Opfergaben, Brot und Wein, zu sehen. Am Ende des Gottesdienstes wurde er nach rechts weggenommen, aber die Engel hoben die zwei Frauen hinauf in ein helles Licht zur Linken, wo der Herr gewesen war, und aus dem hellen Licht kam ein riesiges Aufgebot von Leuten herunter, um sie willkommen zu heißen. Der Herr sagte: »Das ist ihre Familie; die Fehlgeburten sind schon dort.«

An diesem Nachmittag sprach ich mit der Verwandten des Priesters, die die Fehlgeburten gehabt hatte. »Ich weiß, warum sie schon im Himmel sind«, sagte sie. »Deshalb, weil ich immer für sie betete und sie liebte.«

Erst nach dem siebenten Morgengottesdienst wurde der unwillige Mann, der Selbstmord begangen hatte, zuletzt in das Licht aufgenommen. Seit damals wurde der geplagte Priester von seinen physischen Symptomen, Ekzem und Hautblutungen befreit und fast vollständig von seiner Sprachstörung geheilt. Seine Besserung befähigte ihn, eine Vollbeschäftigung in der Seelsorge zu erhalten, und nach einem Jahr war seine Sprache fast normal, als er eine Eucharistie für andere meiner Patienten feierte.

Obwohl nach meiner Erfahrung gewöhnlich nur eine Eucharistie benötigt wird, um ein verlorenes Kind zu befreien, können wiederholte Gottesdienste nötig sein, um einen Erwachsenen zu befreien, der mehr Liebe und Vergebung braucht. Ich meine nicht, daß der Herr eine bestimmte magische Zahl von Eucharistiefeiern verlangt.[1] Sie hängt davon ab, wieviel Liebe der Tote braucht und wieviel die Lebenden geben können. Je tiefer die Wunde, desto mehr Liebe wird benötigt. Diese kann in einer Eucharistie gegeben werden, die in tiefer Liebe gebetet wird, oder in an die hundert routinemäßig gebeteten Eucharistiefeiern. Sogar nachdem ein verlorenes Kind oder ein Erwachsener befreit wurden, können weitere Eucharistiefeiern sie tiefer in die Fürsorge Jesu bringen. »Im Hause meines Vaters gibt es viele Wohnungen« (Joh. 14,2.). Vielleicht öffnen sich diese für uns im Verhältnis zur Tiefe unseres Wissens von Jesu Liebe. Wie unsere Liebe wächst, werden wir zur Eucharistie mit der Frage an Jesus kommen: »Wie willst Du heute durch mich lieben?« Oft wird er sich nicht auf die Toten konzentrieren wollen, sondern wird uns zu einem Gebet für einen Kranken oder Belasteten führen, zur Vergebung für einen gefühllosen Freund, zur Bitte um Führung, wie wir einem armen Nachbarn entgegenkommen sollen, oder einfach zum Lob und Dank an den Vater für seine Großmut. Es gibt so viele Arten, bei der Eucharistie zu beten, als es Arten gibt zu lieben oder Liebe zu empfangen.

Jesus Christus betete nicht auf diese Art für Leute in seinem Leben auf Erden, weil es damals noch keine Auferstehung gab; aber er versprach, daß »wer an mich glaubt, ... noch größere Dinge tun wird als diese, denn ich gehe zum Vater« (Joh. 14, 12). Als Jesus zum Himmel auffuhr, öffnete er dessen Tore. Er war »der Erstling der Entschlafenen« (1. Kor. 15,20).

4. FREIHEIT DER WAHL

Jesu erste Eucharistiefeier heilte nicht einen Judas, der seinen Herrn verriet, oder einen Petrus, der ihn verleugnete. Die Eucharistie gibt uns einfach Jesu Leben und wir haben die Wahl, dieses Leben zu durchleben oder abzulehnen. Des Petrus Anstrengung Jesu Leben voll zu leben, lehrte ihn die Bedeutung des Lebens mit hilfreichen Freunden, die sich »der Gemeinschaft, dem Brotbrechen und dem Gebet« widmeten (Apostelgeschichte 2,42). Oft bot meine Wohnung verschiedenen ringenden Leuten Zuflucht, sodaß sie in einer ähnlichen christlichen, unterstützenden Atmosphäre leben konnten und Hilfe zu ihrer Heilung fanden. Wir brauchen Jesus in der Eucharistie, aber auch in der Beziehung zwischen uns, wie Joe entdeckte.

Von Kindheit an war Joe zum Mitglied einer Einbrecherbande ausgebildet worden, um schließlich der verläßliche Fahrer für ihre Überfälle zu werden. Er hatte mit Diebesgut im Wert von 700.000 Pfund Sterling zu tun, wurde aber 38 Jahre alt, bis ihn die Polizei schließlich faßte, als er Gemälde aus dem Atelier eines bekannten Künstlers stahl. Er erhielt drei Jahre Haft, und während dieser Zeit legte der Künstler Wert darauf, ihn jede Woche zu besuchen. Als Joe freiging, erwartete ihn der Künstler am Gefängnistor und nahm ihn in seine eigene Wohnung. Dort erfuhr Joe zum erstenmal in seinem Leben Vertrauen und Liebe.

Nachdem er sich einige Zeit bei dem Geschädigten aufgehalten hatte, kam er, um in meiner Familie zu wohnen. Wir kümmerten uns ständig um ihn und bauten ihn durch unser tägliches Leben an Leib, Geist und Seele auf. Er gedieh durch regelmäßige Gartenarbeit oder Holzschneiden und entspannte sich in der schönen ländlichen Umgebung. Viele Leute erwarten geistige oder physische Heilung, ohne daß sie sich auf eine ausgewogene Lebensweise mit körperlicher Tätigkeit, gesunder Ernährung, geeigneter Ruhe und Erholung umzustellen hätten.

Jeden Morgen hielten Joe und ich eine Gebetszeit allein mit Gott und suchten seine Führung für den Tag. Als Joe damit anfing, begann eine schwierige Periode, während derer er sich an seine verschiedenen Beutelager erinnerte. Unter Mitarbeit der Polizei leistete er einigen Ersatz, aber die Polizei war natürlich argwöhnisch, beobachtete ihn ständig und verdächtigte ihn, wenn ein neuer Einbruch begangen wurde. Joe mußte zuerst Gottes Vergebung annehmen, dann sich selbst und der Polizei vergeben und auch Hilfe für die Geschädigten versuchen. Andere Leute in ähnlicher Lage habe ich geistig krank bleiben gesehen, weil sie nicht sich selbst oder einem anderen Menschen vergeben konnten; diese Lektion lernte Joe durch die notwendige Unterstützung seiner Freunde.

Ein Mensch wie Joe braucht lebenswichtig Hilfe, um Verantwortung für seine eigenen Handlungen zu übernehmen und den von ihm Geschädigten Schadenersatz zu leisten. Dr. Karl Menninger sagt in seinem Buch »Whatever Became of Sin?« (Was wurde nur aus der Sünde?), daß es heilsam ist zu sagen: »Ich bin ein Sünder – einer, der verantwortlich ist für meine Übeltaten, aber der sich mit Gottes Hilfe ändern kann.« Eine abhängige Persönlichkeit wird jedoch nicht zugeben wollen, daß sie die Kraft zur Änderung hat, sondern fortgesetzt die Schuld für ihre Übeltaten auf äußeren Einfluß schieben und behaupten, daß »der Teufel oder ein Vorfahre mich das tun ließ«.

Wenn wir einem Menschen erlauben, diese Stütze als Entschuldigung zu verwenden, um der Verantwortung auszuweichen, wo er die Freiheit hat, sich zu ändern, verstärken wir bloß das Übel. Man sollte vorsichtig sein, die Schuld auf solche äußeren Zwänge zu schieben, besonders, wenn der Mensch es versäumt, seine verbleibende Freiheit voll zu entwickeln und anzuwenden. Die ideale Haltung ist die von Molly, der Dame mit der Wasserscheu wegen des Ertrinkungstodes ihres Onkels in der Titanic (Kapitel 2). Mit Gottes Hilfe vertrieb sie »diese neue, lächerliche Angst«. Nicht alle Patienten muten sich genügend

Kraft und Freiheit der Wahl zu, um einen solchen Entschluß zu treffen, aber die meisten können mit Hilfe dazu gebracht werden, die ihnen verbliebene Freiheit anzuerkennen und zu gebrauchen.

Die Befreiung von Kontrolle durch die Geisterwelt ist einigermaßen ähnlich der Befreiung von der Kontrolle durch den Alkohol. Manche landläufige Theorien besagen, daß einem Alkoholiker ein Enzym zur Umwandlung des Alkohols im Körper fehlt, und daß dieser Mangel einen genetischen Ursprung von Generationen her haben kann. Sobald der Körper mit der Bildung dieses Enzyms aufhört, verliert ein Alkoholiker seine grundlegende Willenskraft ohne fremde Hilfe mit dem Trinken aufzuhören. Ähnlich leiden Menschen, die unter Beherrschung durch die Geisterwelt stehen, an einer spirituellen Krankheit, die ebenso real ist wie Alkoholismus. Sie mag einen genetischen Ursprung von Generationen her haben, sogar die physische Veranlagung verändern und so physische und emotionelle Krankheiten verursachen. Schließlich hat der Patient keine Willensfreiheit und wird auf denselben Weg getrieben wie ein Alkoholiker. Es bringt wenig, die Ausübung von größerer Willenskraft zu fordern; er braucht Hilfe.

Eine Besserung eines Alkoholikers ergibt sich oft durch ein Programm, wie es zum Beispiel von den Anonymen Alkoholikern entwickelt wird. Die Betonung wird nicht auf Willenskraft allein gelegt, sondern auf eine höhere Kraft und eine hilfreiche Gemeinschaft, die den Alkoholiker ermutigt, Verantwortung für den Gebrauch seiner Freiheit zu übernehmen und den Alkohol für sein ganzes Leben aufzugeben. Ebenso stützt sich die Befreiung von der Beherrschung durch die Geisterwelt auf die höhere Kraft unseres Herrn und die weitere Sicherung in der christlichen Gemeinschaft, die einen Menschen ermutigt, seine wachsende Freiheit zu gebrauchen und auszudehnen. Wie ein Alkoholiker eine neue Freiheit erfährt, sobald er vom Alkohol losgekommen ist, so erfährt eine unter Geistbeherrschung leidende Person neue Freiheit nach einer Eucharistiefeier oder anderen Gebeten für ihre Befreiung. In jedem Fall wird eine starke

Versuchung bestehen, in die alten Gewohnheiten zurückzukehren, statt den Gebrauch der neuen Freiheit fortzusetzen. Viele werden fälschlich überzeugt sein, daß sie ihre Wiederherstellung bloß durch ihre eigene Willenskraft und ohne Gott oder die Hilfe einer Gemeinschaft fortsetzen können.

Um Alkoholikern über diese kritische Periode wegzuhelfen, konzentriert sich das Programm der Anonymen Alkoholiker auf zwölf Schritte – Schritte, die gleichermaßen wesentlich sind für die Brechung der Bindung an die Geisterwelt. Joe und viele andere Patienten, die von ihrer gleichartigen Bindung an die Geisterwelt frei geblieben sind, haben das zustandegebracht, weil sie fortgesetzt diese zwölf Schritte eingehalten haben:

1. Wir geben zu, daß wir gegenüber dem Alkohol kraftlos waren und daß unser Leben unlenkbar wurde.
2. Wir kommen zum Glauben, daß eine größere Kraft als wir unsere Gesundheit wiederherstellen kann.
3. Wir treffen die Entscheidung, unseren Willen und unser Leben auf die Fürsorge Gottes umzustellen, soweit wir ihn verstehen.
4. Wir machen ein prüfendes und furchtloses moralisches Inventar unserer selbst.
5. Wir gestehen vor Gott, vor uns selbst und vor einem anderen menschlichen Wesen die genaue Natur unserer Übel ein.
6. Wir machen uns bereit, Gott die Heilung all dieser Charakterschwächen zu gestatten.
7. Wir bitten ihn demütig, unsere Fehler zu beseitigen.
8. Wir stellen eine Liste aller Menschen zusammen, die wir geschädigt haben, und sind bereit, allen Ersatz zu leisten.
9. Wir leisten solchen Leuten wenn möglich direkten Ersatz, außer wenn es sie oder andere verletzen würde.
10. Wir nehmen fortgesetzt unseren persönlichen Bestand auf, und wenn wir im Unrecht waren, geben wir das bereitwillig zu.

11. Wir suchen, durch Gebet und Meditation unseren bewußten Kontakt mit Gott, so gut wir ihn verstehen, zu verbessern, indem wir nur um Kenntnis seines Willens bitten und um die Kraft beten, ihn auszuführen.
12. Haben wir als Ergebnis dieser Schritte eine geistliche Erweckung gehabt, versuchen wir, diese Botschaft an Alkoholiker heranzutragen, und diese Prinzipien in allen unseren Angelegenheiten zu befolgen.

Es sollte festgehalten werden, daß dieses Programm zu dem endgültigen Schritt einer so starken geistlichen Erweckung führt, daß ein wiederhergestellter Alkoholiker einem anderen Alkoholiker helfen kann. Ähnlich bemerken Patienten nach ihrer Befreiung von Geisterbeherrschung, daß ihre geistliche Erweckung sie zur Befreiung anderer durch Gebet und besonders durch Teilnahme an der Eucharistie führt.

Manchmal macht es den Eindruck, daß der Herr uns dazu führt, über unsere eigene Familie und unseren Freundeskreis hinaus Fürbitten auszusprechen. Manya begann die Eucharistie mit dem Gebet für drei ihrer polnisch-jüdischen Verwandten. Sie war erstaunt, zu bemerken, daß sie Hunderte von verwahrlosten polnischen Juden mit sich brachten, die mit gesenkten Köpfen hintereinander aus Konzentrationslagern kamen und zum Altar schlurften. Als Manya durch das Kirchenschiff zum Empfang der Eucharistie gehen wollte, fühlte sie sich gehindert, weil es schien, daß alle Kirchenschiffe mit diesen Flüchtlingen angefüllt waren. Als sie weiter betete, sah sie Jesus am Altar warten, um die Flüchtlinge zu begrüßen. Sie näherten sich, schauten auf ihn, begannen dann zu tanzen und Halleluja zu singen, während die Engel sie in ein helles Licht hinter dem Altar hinaufführten.

Sogar als der Gottesdienst vorbei war, strömten noch mehr Flüchtlinge weiter durch die Kirche. Manya und einige andere Leute blieben in der Kirche im Gebet für alle Juden, obwohl keine Juden erwähnt worden waren. Sie sahen viele davon am Altar befreit werden. Manyas Mann, ein Seelsorger, nahm an dieser wirklichen Erfahrung teil und war davon so angetan, daß er seine Gemeinde zusammenrief und eine Eucharistie der Auferstehung feierte, als er heimkam. Er war Zeuge geworden, wie Jesus alle, die zu ihm kommen, befreit und erlöst, nicht nur während der Eucharistie, sondern auch außerhalb davon. So verlangt Jesus von uns, daß wir weiter die Toten lieben, für die wir gebetet haben, während und nach der Eucharistiefeier.

Selbstverständlich sollen wir ebenso das Gebet für die Lebenden fortsetzen. Manchmal werden unsere Gebete nicht erfahrbar erhört, und die Lebenden scheinen keinen Nutzen davon zu haben. Zu solchen Zeiten möchte ich Gott fragen: »Warum hilfst Du diesem Menschen nicht?« Man kann viele Gründe feststellen, warum ein Mensch keine Heilung empfängt: Er will sich Jesus nicht ganz übergeben, er will nicht vergeben, er will kein geordnetes Leben führen. Auf der anderen Seite muß gesagt werden, daß Menschen geheilt werden, die nichts von diesen Dingen tun. Oft ist die grundlegende Ursache der Mangel an unterstützender Liebe in der christlichen Gemeinschaft, aber manchmal horchen wir einfach nicht nahe genug, um Gottes Plan zu hören, der für jedes Individuum einzigartig ist. Obwohl ein Mensch scheinbar keine Hilfe in der Art empfängt, die wir ins Auge fassen, wird uns versichert, daß unsere Gebete nie umsonst sind (Römer 8,26).

Wenn ich in der Eucharistie bete, obwohl ich nicht sicher sein kann, was geschehen wird, dann weiß ich, daß mein Gebet liebend erhört wird. Ich glaube daran, daß sogar, wenn der Herr nicht augenfällig in der Weise heilt, die ich für notwendig halte, er mein Gebet zur Heilung in anderer Weise benützt, vielleicht für einen Menschen, den ich niemals sehen kann. Er mag den Menschen heilen, der bei der Eucharistie zu beten gekommen ist, nämlich den Zelebranten, oder es mag einer der wichtigsten Männer in der kirchlichen Hierarchie sein, wie ein Bischof, oder wie wir bei zahlreichen Gottesdiensten gefunden haben, vielleicht ein vergessener Verwandter, der geheilt und aus einem Spital in einem anderen Land entlassen wird. Wir müssen bereit sein, auf Gottes Anweisung zu hören, wenn wir ihn bitten, den nächsten unmittelbaren Heilungsschritt zu enthüllen.

Ein bejahrte Frau, Josephine, litt an einer Alterskrankheit, die unheilbare Narben des Gehirns nach sich zog. Wir feierten die Eucharistie für sie und waren enttäuscht, als sich anscheinend keine Heilung ereignete. Ohne unser Wissen ergriff der Herr den nächsten unmittelbaren Schritt der Heilung durch Josephines Bruder, einen Priester. Während der Eucharistie für seine Schwester erfuhr er eine tiefe Liebe und ein Gefühl des Mitleids, das ihn nicht nur ihr, sondern allen geistig gestörten Menschen näherbrachte. Als unmittelbares Ergebnis verbringt er nun einen Tag jeder Woche mit Besuch bei ihnen und betet mit ihnen um Heilung, und sein christlicher Dienst wurde unermeßlich bereichert.

Einmal nahm ich in New York an einer Eucharistiefeier mit einer Frau teil, die Stimmen hörte und automatisches Schreiben praktizierte. Ich erwartete, daß sie während unseres Gebetes von dieser Geisterkontrolle befreit werde, und tatsächlich hörten die Stimmen während dieser Eucharistiefeier auf. Zwei Tage später kamen sie wieder. Schließlich nahmen sie einige Freunde zu einem Bischof mit, der nach einigem Zögern ein Befreiungsgebet für sie sprach. Sie wurde vollständig und dauernd von ihrer Besessenheit befreit. Und der Bischof entdeckte durch sein eigenes Befreiungsgebet plötzlich die Macht des bösen Feindes und die größere Realität und Wirkung von Jesu heilender Kraft. So wurden wir Zeugen, wie der Herr seinen ganzen Plan sowohl für die vollständige Heilung der Frau, als auch für die Offenbarung an den Bischof ausführte.

Eine der dramatischsten Heilungen meiner Laufbahn geschah bei Claudine. Sie war fünfzig Jahre alt und hatte zwölf Jahre unter ständiger Überwachung in einem Krankenhaus zugebracht, sie litt an chronischer Schizophrenie. Weder Behandlungen noch Medikamente hatten ihr heftiges Temperament, das mit Wahnvorstellungen verbunden war, beeinflußt. Ihre Ärzte meinten, daß da nichts zu verlieren war – ihre Krankheit konnte sich nicht weiter verschlechtern – und entschieden sich für eine Gehirnoperation in einem Londoner Spital.

Die Operation mißlang. Das Befinden Claudines verschlechterte sich weiter, sie verlor sowohl Seh- als auch Sprachvermögen. Mit diesem irreversiblen Schaden und ohne Änderung ihres schizophrenen Zustandes wurde Claudine aufgegeben und dem »Vegetieren« in einer Irrenanstalt überlassen. Sie wurde korpulent und zusammen mit ihrer Kahlköpfigkeit (nach der Operation war ihr das Haar nicht neu nachgewachsen) gab ihr das eine ziemlich abstoßende Erscheinung. Etwa achtzehn Monate später erreichte ihre Familie für sie die Erlaubnis der Anstalt, einen Tag und eine Nacht zu Hause zu verbringen.

Sie wurde zu mir gebracht. Sie gab kein Anzeichen davon, etwas Gesprochenes zu verstehen, und nach einer kurzen Untersuchung bestätigte ich, daß sichtlich keine Hoffnung für sie war, und konnte keine Therapie empfehlen. Der Schaden war tatsächlich irreversibel. Damals verstand ich den Einfluß der Abstammung nicht und kannte nicht einmal das Ausmaß der heilenden Kraft der Eucharistie. Ich wußte nicht, was ich sonst sagen oder tun sollte, ich betete laut, einfach um das Horchen auf Gottes Führung zu versuchen und um Vergebung dafür zu bitten, daß Menschen ein menschliches Wesen zerstören. Dann sprachen wir zusammen das Vaterunser mit der abschließenden Bitte »Erlöse uns von dem Bösen«. Unser Anliegen war, daß Claudine in Frieden gelassen werden möge. Meine Patientin und ihre Familie kehrten in ihre Wohnung zurück, wo sie über Nacht bleiben sollte.

Am nächsten Morgen wurde der ganze Haushalt durch den Schrei Claudines aufgeweckt: »Kommt und schaut mich an!« Da die Eltern seit der verhängnisvollen Operation kein Wort von Claudine gehört hatten, stürzten die Eltern aufgeregt ins Zimmer. Claudine starrte auf ihr Bild im Spiegel und schrie: »Schaut mein Haar an!« Während der Nacht war ein halber Zentimeter Haar auf ihrem Kopf gewachsen. Sie konnte sprechen, sehen, wachsen!

Später wurde Claudine in die Anstalt zurückgebracht. Erstaunt über die Änderung in ihr, fragten sie die Ärzte mehrere Stunden aus. Wiederholt erklärte sie einfach: »Sie beteten mit mir.« Die Ärzte konnten nicht verstehen, was geschehen war. Es war fast nicht zu glauben, daß ein Patient mit so totaler Behinderung so plötzlich und vollständig geheilt wurde, daß er wieder in die normale Außenwelt entlassen werden konnte.

Als ich erstmals mit Claudine konfrontiert wurde, hatte ich versucht, auf Gott zu horchen, aber ich hörte keine Stimme und erkannte keine klare Führung. Ich fühlte nur Mitleid mit Claudine, und Zorn und Abscheu gegen die Unfähigkeit derer, die sie fast zerstört hatten. Jesus wurde gegenüber einem Aussätzigen von Mitleid für den Leidenden erfüllt (Mk 1,41), und je mehr wir uns mit den Gefühlen Jesu gegenüber einem Menschen identifizieren können, desto größer ist unsere Fähigkeit, seinen Willen zugunsten dieses Menschen zu tun. Wenn wir einen Stammbaum für die Eucharistie zeichnen, müssen wir zutiefst bereit sein zu horchen, welche Schritte unser Herr zunächst vorsieht (Gal. 2,20).

Als ich auf der Universität war, führte mich ein anderer Student in die Kunst des Horchens ein. Er war eine Plage. Seine Hartnäckigkeit, daß ich lernen sollte, auf Gottes Stimme zu horchen, irritierte mich so sehr, daß ich schließlich zustimmte, mit ihm eine halbe Stunde schweigend in meinem Zimmer zu sitzen, um die Sache zu beenden. Am Ende dieser Zeit fragte er mich, woran ich dachte. »Nichts«, sagte ich. – »Sprach Gott zu Dir?« – fragte er hoffnungsvoll. »Natürlich nicht«, schnappte ich zurück. »Du kannst Dein Denken nicht ganz leer machen«, entgegnete er. »Woran hast Du gedacht?« Ich sagte ihm, daß ich gerade auf die Titel auf meinem Bücherbrett geschaut hatte.

»Das ist interessant«, sagte er. »Lies sie mir vor.« Gelangweilt, und um die Sitzung zu beenden, las ich die Namen auf den Rücken einiger Bücher und gab dann auf. »Du bist noch nicht fertig«, urgierte mein Freund. Ich nannte noch ein paar Titel. »Mach weiter, da sind noch drei Bücher«, sagte er rasch. Barsch antwortete ich, »Ich bin fertig damit.« – »Also verkauf sie!« schoß er zurück. Schließlich beichtete ich, daß ich lange vorher die Bücher von meiner alten Schule ausgeborgt und nicht zurückgegeben hatte. Mein Freund überredete mich, die Situation in Ordnung zu bringen, daher schrieb ich einen Entschuldigungsbrief, packte die drei Bücher ein und brachte sie unter seiner Eskorte direkt auf das Postamt. Befremdlicherweise fühlte ich mich so frei wie in der Luft, als ob eine Last, die ich getragen hatte, nicht mehr da gewesen wäre.

Damals war ich nicht sicher, worauf ich horchte, aber in meinem ganzen Leben hat Gott viele Male zu mir gesprochen, hat meine Gedanken und Handlungen gelenkt. »Jeden Morgen weckt er mich, weckt er mein Ohr zum Horchen wie ein Schüler.« (Jes. 50,4).

Als ich eines Morgens erwachte, fand ich mich in Gedanken an den Premierminister, dem ich nie begegnet war. Ich hatte ein intensives Bild von einer persönlichen Entscheidung, die er zu treffen hatte, und ich fühlte die Dringlichkeit, ihm eine Warnung wegen seiner beabsichtigten Handlungsweise zu senden. Obwohl das meinerseits anmaßend schien, schrieb ich ihm einen Brief und erklärte die Situation. Einige Wochen später kam eine Antwort, in der er mir für meine Intervention dankte, die ihn vor einem unwiderruflichen, irrigen Schritt bewahrt hatte.

Einmal in der halb wachen, halb träumenden Welt des frühen Morgens hatte ich ein Bild von einer Freundin namens Mabel, die wir schon seit acht Jahren nicht gesehen hatten. In dem Traum schrie sie aus einem Fenster im dritten Stock eines fremden Backsteingebäudes. Das bedeutete damals nichts für mich, aber ich kritzelte den Namen Mabel auf ein Stück Papier und vergaß darauf.

Als ich an demselben Abend von der Arbeit nach Hause fuhr, wurde ich an einer Verkehrsampel aufgehalten. Als meine Frustration und Ungeduld wuchs, fühlte ich, daß der Herr mich anwies, links abzubiegen. Ich wandte ein; »Nein, ich will direkt nach Hause.« – »Bieg links ab!« befahl er. Ich war allein; der Umweg konnte meine Fahrt nur um fünf Minuten verlängern. Ich bog links ab. Ich fühlte mich recht närrisch, fuhr aber doch sehr langsam, um nichts zu übersehen. Dann schrie von der rechten Straßenseite eine Frauenstimme »Dr. Ken! Dr. Ken!« Unsere Freundin Mabel lehnte sich aus demselben Fenster im dritten Stock meines »Halbtraumes« von diesem Morgen. Ich parkte meinen Wagen und stieg drei lange Stiegen hinauf, ich wußte, daß das kein Traum war.

Mabel erklärte: Am frühen Morgen war sie in diesen Wohnblock gekommen, um ihre Schwester abzuholen, weil sie gerade erfahren hatte, daß ihr älterer Bruder mit Lungenkrebs im Sterben lag. Viele Jahre vorher hatte ich ihren Bruder behandelt, daher hatten die Schwestern den ganzen Tag versucht, mich zu erreichen. Dieser Vorfall bewies mir, daß es einer der wichtigsten Gesichtspunkte des Horchens auf Gott am frühen Morgen ist, eine Haltung des dauernden Horchens während des Tages zu fördern – selbst an einer frustrierenden Verkehrsampel auf Rot. Sonst wäre ich nicht empfänglich für die Anweisung des Herrn gewesen, als er mir die Folgerung aus meinem »Halbtraum« zeigte, und ich hätte Mabel nicht gefunden, als sie mich brauchte, wie er es von mir wollte. Der Psychiater William James bemerkte: »Wir und Gott haben miteinander zu tun; wenn wir uns seinem Einfluß öffnen, wird unsere tiefste Bestimmung verwirklicht. Gott ist wirklich, weil er echte Wirkungen hervorruft.«

Bei einer anderen Gelegenheit haben mich die Antriebe der Stimme Gottes befähigt, einen Rat zu geben, der wahrscheinlich viele Leben gerettet hat. Ich besuchte einige Freunde in Texas und plauderte eines Tages mit einem Nachbarn, der bei der NASA (Nationale Luft- und Raumfahrtverwaltung) arbeitete. Als er einiges von meinem Leben hörte und erfuhr, daß ich Psychiater, lange in China in Haft war und daß eines meiner Hobbies die Malerei war, sagte er mir begeistert, daß ich »gerade der Mann sei, den sie suchten«.

Überrascht stimmte ich zu, ihn in den Betrieb zu begleiten. Sichtlich bestand ein dringender Bedarf nach Rat über eine wichtige Einzelheit einer projektierten Raumfahrtstation. Die Planer erkannten, daß harmonische Raumgestaltung eine bedeutsame Hilfe für die Männer abgeben würde, die in einem geschlossenen Raum lange Zeit dieselben Wände, Muster und Farben anzusehen hätten. Darum wollten sie erst jemand konsultieren, der die psychologischen Effekte verschiedener Farben und Muster kannte, vorzugsweise jemand, der ähnlich eingesperrt gewesen war. Ich half erfreut und machte viele Vorschläge für die Raumfähre und das Skylab (Raumlaboratorium).

Ich hatte den Vorzug, das Mondfahrzeug bei Probefahrten zu sehen und Fragen zu stellen. Bei der Mitteilung, daß die Reifen mit Stickstoff gefüllt wurden, hörte ich die Stimme des Herrn sagen: »Diese Männer werden in Gefahr sein!« Ich besprach das mit dem Direktor, der mich begleitete, und er erklärte, daß sich die Fachleute über die offenkundigen Folgen des Platzens eines Reifens im Klaren waren. Jedoch hielten sie das nach vierzehn Jahren Forschung für sehr unwahrscheinlich. Schweigend legte ich das Problem dem Herrn vor und zeichnete unter seiner Führung auf einen Zettel die Skizze von Rädern, bei denen Spiralfedern die Achse mit einem perforierten Metallstreifen verbinden, der als Reifen wirken sollte. Der Direktor sah sich meine Zeichnung an, lachte und steckte sie in die Tasche.

Vier Monate später erwähnte ein Fernsehberichterstatter beim Bericht über die Mondlandung, daß im letzten Augenblick die mit Stickstoff gefüllten Reifen von Goodyear auf Räder mit Spiralfedern umgestellt worden waren. Durch den Nachbarn, der mich in die NASA-Kreise eingeführt hatte, erfuhr ich, ohne überrascht zu sein: »Es war ganz seltsam. Der Direktor fand einfach eine Zeichnung in seiner Tasche und wußte, daß die Konstruktion der Räder geändert werden mußte. Er konnte nicht sagen, woher das Papier kam.« Ich konnte es. Wieder einmal hatte mich Gott zu einer »echten Wirkung« verwendet, denn 1979 erfuhr ich, daß diese Räder Menschenleben gerettet hatten.

5. »LASSET DIE KINDER...«

Wir haben keine Schwierigkeit zu glauben, daß unser Gebet den Lebenden durch die Fürbitte Jesu Christi hilft (1. Tim. 2,1–4). Tatsächlich wissen wir, daß wir seinem Beispiel folgen, da er selbst im Schatten des Kreuzes für uns betete (Joh. 17).

In der christlichen Kirche nehmen wir unschuldige neugeborene Kinder, die anscheinend nicht des Gebetes bedürfen und taufen sie, um ihnen die Gebetsunterstützung einer christlichen Gemeinschaft zu geben.[1] Wie manche Leute meinen, brauchen selbst getaufte Kinder ein Gebet, um sie von dem Bösen zu befreien, dem sie noch im Mutterleib begegnet sein können. Ihnen scheint, daß jedes Kind nach Momenten der Verletzung die Wohltat des Heilungsgebetes erhalten sollte. Es ist natürlich, daß Erinnerungen an Lieblosigkeit der Heilung bedürfen, und dies kann durch die Liebe Jesu bei der Eucharistie geschehen. So wie durch die Taufe Kinder in die Gemeinschaft der Kirche aufgenommen werden, können Tod und Auferstehung Jesu Kinder berühren, die nicht getauft worden sind.

Medizinische Studien haben gezeigt, wie Streß oder Einnahme von Drogen, Nikotin oder Alkohol durch die Mutter den Fötus schädlich beeinflussen können.[2] Das ungeborene Kind kann ebenso Gedanken und Gefühle aufnehmen wie toxische Substanzen.[3] Daher finde ich die Annahme vernünftig, daß es auch Gebet aufnehmen kann. Ein von Dr. J. Cowdy 1958 in einem Krankenhaus von Salisbury durchgeführtes Experiment zeigte, daß ein Fötus von etwa 14 Wochen an ein Gedächtniszentrum im Gehirn ausgebildet hat, in dem von den Eltern kommende Gefühle und Töne aufgezeichnet werden. Dies kann bewiesen werden, und die Information kann bei Erwachsenen wiederhergestellt werden durch die als Drogen-Abreaktion[4] bekannte Technik: die intravenöse Injektion eines – allgemein als

Wahrheitsdroge bezeichneten – verdünnten Anaesthetikums. Unter dieser Behandlung erinnerte sich eine gestörte Patientin an die Bemerkung ihres Vaters vor ihrer Geburt: »Ich drehe dem Kind den Hals um, wenn es ein Mädchen ist.« Er hatte diese Worte tatsächlich gesagt. Schließlich fand sie sich mit dieser vorgeburtlichen Verletzung ab und wurde aus dem Krankenhaus entlassen.

Eine 1978 bei der Loyola-Universität, Chicago überreichte Studie stellte dar, daß manche Patienten jedes Jahr zum selben Datum Selbstmord versuchten. Aus der Erforschung dieses Phänomens erkannte Andrew Feldmar, ein klinischer Psychologe in Vancouver, daß diese Daten anscheinend keine Beziehung zu Feiertagen, Todesfällen in der Familie oder anderen wichtigen Ereignissen haben, sondern mit den Daten zusammenfallen, an denen ihre Mutter ihre Abtreibung versucht hatte. Sogar die angewendete Methode des Selbstmordversuches (Vergiftung, Stechen mit scharfen Instrumenten usw.) stimmte mit der Methode des Abtreibungsversuches überein. Ferner war Feldmar überrascht durch die Entdeckung, daß der Fötus das Wissen von dem Abtreibungsversuch sogar dann erworben hatte, wenn der Versuch während der ersten wenigen Wochen nach der Schwangerschaft geschehen war. Er postulierte, daß ein Gedächtnisinhalt von dem Zeitpunkt der Vereinigung der Ei und der Samenzelle, also vom Augenblick der Empfängnis datieren kann. Diese Forschung zeigte, daß der Fötus sogar schon Gedächtnisinhalte aufnehmen kann, bevor mit vierzehn Wochen das Gehirn gebildet wird.[5]

Ähnlich werden Erinnerungen an Liebeszuwendung vom ungeborenen Kind aufbewahrt. Eine Frau, die wenigstens fünf Monate schwanger ist, kann an sich selbst eine Probe machen, um die Antwort ihres Kindes auf ihre Liebe zu beweisen. Wenn sie ihre rechte Hand auf die rechte Seite ihres Bauches und die linke Hand auf die linke Seite legt, kann sie tatsächlich ihr Kind zu jeder der Hände hin bewegen lassen. Um das zu tun, stellt sie sich einfach vor, daß das Baby unter ihrer rechten Hand an Kraft und Güte zunimmt, während es durch ihre Berührung liebkost wird. Es wird sich so bewegen, daß es seinen gerundeten Rücken in die Höhlung der liebenden Hand seiner Mutter legt. Wenn dann die Mutter ihre liebende Konzentration von der rechten auf die linke Hand verlegt, wird sich das Kind eben bewegen, um dasselbe unter der linken Hand zu tun. Wenn die Mutter diese kleine Übung täglich nach einem regelmäßigen Zeitplan macht, wird das Kind stoßen, wenn sein »Liebesbad« nicht gewährt wird. So berührt den Fötus nicht nur die Gewalttätigkeit einer versuchten Abtreibung, sondern an auch die einfache Entziehung von Liebe.

Ich habe über sechshundert aufgezeichnete Fälle von direkter Heilung nach der Eucharistie für Kinder, die entweder abgetrieben, fehlgeboren, totgeboren oder bei der Geburt weggelegt wurden und die weder geliebt noch Jesus ordentlich in einem Begräbnisgottesdienst übergeben worden waren. Wenn eine Eucharistie für solche Kinder gefeiert worden ist, waren die Ergebnisse überraschend. Viele haben dabei die Wohltat der heilenden Kraft gefühlt, nicht nur an Patienten, die tatsächlich teilgenommen haben, sondern auch an solchen, die Kilometer entfernt in Spitälern oder Heimen für Geisteskranke waren; selbst an gestörten Verwandten im Ausland.

Zuerst ist es wesentlich, für eine korrekte medizinische Diagnose zu sorgen. Während das erfolgreich getan und die geeignete Behandlung angewendet worden sein mag, habe ich oft entdeckt, daß der Geisteszustand der Patienten nicht berücksichtigt und kein Versuch gemacht wurde, hinter einem unannehmbaren emotionellen Verhalten Modelle aufzudecken. Da irrationale Zustände oft das Ergebnis verschiedener Grade von Druck sind, der durch das Besessenheitssyndrom ausgeübt wurde, ist eine Erforschung des Familienhintergrundes der nächste Schritt. Wir zeichnen einen möglichst vollständigen Familienstammbaum auf. Dabei kann die Ursache der Störung entdeckt und die Identifikation der nicht Jesus Christus Übergebenen vorgenommen werden. Manche Leute vergessen oder verbergen absichtlich unangenehme vergangene Ereignisse und finden es oft verletzend, sie vor Augen gestellt zu bekommen.

Solche Patienten sind mir mit verschiedenen Diagnosen überwiesen worden, darunter Schizophrenie, Epilepsie, Depression jeder Art, Selbstmordversuche, Neurosen, Hysterie und einige Fälle von anorexia nervosa (Magersucht). Ihre Verhaltensmuster durchliefen die ganze Skala psychiatrischer Erkrankung: Paranoide Phantasien durchzuspielen, Stimmen zu hören, Jesus Christus zu sein, brutal zu handeln oder sich im Bett zusammenzurollen und Daumen zu lutschen. Ihre physischen Krankheiten gingen von Migräne bis Arthritis in den Füßen. Viele hatten die typische Krankenhausmentalität, die sich aus zahllosen Krankenhausaufenthalten ergibt. Manche waren nahe dem Tode, andere bildeten sich ein, es zu sein.

Joan wurde durch einen Kollegen der allgemeinen Praxis überwiesen. Vor meiner ersten Unterredung mit dem neun Jahre alten Kind studierte ich die Aufzeichnungen ihres Teams von Spitalsärzten und die Berichte ihrer Schuldirektorin. Im Alter von fünf Jahren änderte sich die sonnige Geisteslage Joans plötzlich. Sie wurde schwierig zu behandeln, irrational in ihrem Verhalten und wurde schließlich als epileptisch diagnostiziert. Ihre Mutter war erschreckt und verwirrt. Sie schrieb mir: »Sobald Joan in einen von diesen Zuständen kommt, verzerrt sich ihr Gesicht, sie kann mich minutenlang ununterbrochen anschreien. Sie ist so weit von ihrem normalen Selbst entfernt, daß es mich kalt überläuft. Die einzige Möglichkeit, mit den schlimmsten dieser Attacken fertig zu werden, ist Gebet, und nachdem sie dann noch ärger kämpft und schlägt, bricht sie plötzlich zusammen, kommt bereitwillig in meine Arme und heult wie ein Baby. Ich fühle mich völlig außerstande, mit ihr fertig zu werden, und deswegen fragten wir uns, ob wir sie zu Ihnen bringen dürfen.«

Die Schuldirektorin des Kindes teilte diese Besorgnis. Sie schrieb: »Joan verliert leicht ihre Selbstbeherrschung und erleidet Gefühlsausbrüche. Ihr Arbeitsergebnis läßt viel zu wünschen übrig und sogar beim Abschreiben macht sie zahllose Fehler, wahrscheinlich wegen ihrer Unfähigkeit, sich länger zu konzentrieren.«

Als ich mit Joans Eltern sprach, suchte ich nach einem Muster für ihr Verhalten, konnte aber keines finden. Sie sagten mir, daß diese »Attacken« plötzlich begonnen hatten, als sie im Alter von fünf Jahren ohne ersichtlichen Grund das Bewußtsein verloren hatte. Seither hatte sie sich oft verletzt und sich einmal einen offenen Bruch des Kinns zugezogen. Vor kurzem hatte sie begonnen, vor Autos zu laufen, so daß ihre Eltern sie zu ihrer eigenen Sicherheit mit Zügeln halten mußten. Ihr Vater beschrieb, wie sie mit der Kraft eines Ochsen schlagen konnte und ihn anschreien konnte: »Ich hasse Dich. Du bist nicht mein Vater. Warum wurde ich überhaupt geboren?« Er fürchtete auch für die Sicherheit der Familie, seit Joan in einem ihrer irrationalen Zustände ihren Bruder mit einem Messer bedroht und gefordert hatte: »Sag mir, wer Du bist!« Mit ebensoviel Beharrlichkeit schrie sie: »Ich bin nicht Joan«.

Nach den ärztlichen Berichten schien mir, daß die Ärzte alles Verfügbare getan hatten, um Joan mit Maßnahmen an Diät, Medikamenten und anderer Therapie zu helfen. Als wir begannen, den Familienstammbaum aufzuzeichnen, erklärte ich, daß mich besonders eine Entdeckung interessierte, ob einer der Vorfahren kein ordentliches Begräbnis gehabt hatte oder nicht in der Verpflichtung auf Jesus Christus gestorben war, zum Beispiel durch Selbstmord. Ich hatte keinen Erfolg. Aus Joans Ahnentafel war ersichtlich, daß zumindest in den letzten vier Generationen keine solche Unterlassung gewesen war.

Dann riefen wir Joan in das Zimmer. Sie kam sofort, saß auf meinem Knie, und ich fragte sie, wieviele Geschwister sie hatte. Ihre Antwort überraschte mich. »Ich habe drei Brüder und drei Schwestern«, sagte sie. »Aber Joan«, fragte ich, »Deine Mutter sagte, du hast drei Brüder und nur zwei Schwestern.« Joan wurde äußerst zornig, sprang von meinem Knie und stampfte schreiend auf: »Ich habe drei Schwestern, nicht zwei! Siehst Du die Frau dort drüben?« schrie sie, auf ihre Mutter zeigend, »sie ist eine Mörderin. Sie spülte meine Schwester im Klosett hinunter. Meine Schwester ist eine Freundin von mir. Ich kenne sie. Sie heißt Melissa.« Joans angeklagte Mutter brach in Tränen aus und rief: »Passen Sie auf! Sie bekommt einen Anfall!« Joans Vater wurde rot im Gesicht und begann, seiner Frau Vorhaltungen zu machen. Während sie stritten, hielt ich Joan fest und sagte: »Beten wir, Du und ich, zu Jesus und bitten wir ihn, für Melissa zu sorgen.« So beteten wir: »Lieber Herr Jesus, bitte kümmere Dich um Melissa und nimm sie in Dein Reich.«

Es war klar, daß Joan gegenüber ihren Eltern einen schmerzlichen Punkt berührt hatte. Einige Zeit später sagte mir ihre Mutter, daß sie vor Joans Geburt durch grobes Vorgehen eines Arztes eine unbeabsichtigte Fehlgeburt gehabt hatte. Sie hatte das beim Aufzeichnen des Familienstammbaums nicht erwähnt, weil ihr Ehemann Graham immer geleugnet hatte, daß sie damals schwanger gewesen sei. Zur Zeit der Fehlgeburt seien sie nach seinem Nervenzusammenbruch auf Erholungsurlaub gewesen, und Joans Mutter fühlte, daß er zu gefährdet war, um der Situation ins Auge sehen zu können. Sie hatte den Vorfall nie gegenüber Joan erwähnt, und niemand wußte den Namen, den sie für das Kind wollte: Melissa.

Da unser Geist aufmerksam auf die sein kann, die starben, ohne liebend Jesus Christus übergeben zu werden, war es keineswegs überraschend, daß Joan von Melissa wußte. Tatsächlich hatte ich etwa 1400 ähnliche Fälle in meinen Ordnern. Es war mir klar, daß dieses kirchlich nicht beerdigte Kind die Ursache von Joans Schwierigkeiten und vielleicht auch von den beschwerlichen Migräneanfällen war, an denen ihre Mutter durch Jahre gelitten hatte. Daher feierten wir eine Eucharistie für Melissa, und die Ergebnisse änderten das Leben dieser Familie. Joans emotionelle Ausbrüche, ihr irrationales Verhalten und selbst ihre Konzentrationsunfähigkeit verschwanden ganz und sie kehrten nie wieder. Untersuchungen bewiesen, daß ihre Epilepsie geheilt war, und kurz darauf konnten alle ihre Medikamente abgesetzt werden. Die Migräneanfälle ihrer Mutter gehörten der Vergangenheit an.

Aber die Schwierigkeiten der Familie waren noch nicht ganz vorbei. Einige Monate später kollabierte Graham bei der Arbeit. Seine Symptome waren typisch für einen Zusammenbruch nach Überarbeitung. Er fühlte sich schrecklich, als gänzlicher Versager; er war unfähig, an seinen Arbeitsplatz zurückzukehren, und war sicher, er würde nie wieder arbeiten. Nach Monaten der Medikation blieb sein Blutdruck alarmierend hoch, und sein Arzt überwies ihn an mich. Aufgrund der Zusammenhänge nahm ich an, daß er mit der Ursache für Joans Probleme nicht zurechtgekommen war und daher sein Baby Melissa nicht freigegeben hatte. Er leugnete diese Annahme, aber er glaubte den Grund seiner Krankheit zu wissen. Er sagte mir: »Mein Problem ist nicht Melissa, sonder meine Mutter. Sie war eine ziemlich formbewußte Person von viktorianischer Art und sehr dominant. Sie fand sich nie mit meiner Heirat ab und mochte meine Frau nicht. Als sie starb, haßte ich sie so sehr, daß ich mich weigerte, zu ihrem Begräbnis zu gehen.« Ich brauchte nichts mehr zu sagen. In der Erinnerung an die Heilung seiner Tochter Joan nahmen Graham und seine Frau froh an einer Eucharistiefeier für seine Mutter teil. Innerhalb einer Woche fiel sein Blutdruck auf die Norm, und er war bald fähig, zur Arbeit zurückzukehren.

Jetzt ist Grahams Sorge nicht auf die eigenen Familien beschränkt: Er und seine Frau haben ihre spirituelle Freiheit benützt, um sich anderen zuzuwenden. Die letzte Nachricht, die ich von Joans Mutter bekam, war sehr verschieden von der ängstlichen, hilflosen Art, in der sie mir zuerst über ihre Tochter geschrieben hatte: »Gestern gingen Graham und ich zu einer Zusammenkunft in unserem Spital, zu der die Kinderabteilung Eltern von Kindern mit Anfällen, Krämpfen oder Epilepsie eingeladen hatte. Wir meinten nicht, wegen Joan hingehen zu müssen, sondern weil der Herr so gut zu ihr gewesen war. Wir dachten beide, daß wir wegen unserer Erfahrung nützlich sein konnten. Sie haben unsere Telefonnummer um anzurufen, wenn ein Elternteil jemand zu einem Gespräch braucht.«

Graham und seine Frau tun mehr, als ihre Telefonnummer anzugeben. In dem Brief schrieb sie weiter, daß Graham in einem Krankenzimmer des Spitals für ein Baby mit Epilepsie und Gastroenteritis gebetet hatte. »Nachher spürte ich, daß ich gerade die Mutter des Kindes zu küssen hatte; so etwas hätte ich nicht getan, bis ich die ganze Sache mit Joan erlebte. Ich kannte die Dame wirklich nicht sehr gut; aber was ich tat, war gerade das Richtige, weil sie ihre Arme um mich schlug und sich an mich um Hilfe klammerte.« Joan und Graham haben, wie so viele andere, neue Kraft gefunden, um in neuer Freiheit zu handeln. Ein Jahr später ist Joan ein glückliches, gesundes kleines Mädchen, macht sich in der Schule äußerst gut und ist die Freude ihrer Familie. Graham bleibt stabil und auf der Höhe, hält jeden Abend Familiengebet, und er und seine Frau sind gerne bereit, ihre Erfahrungen jedem mitzuteilen, dem durch diese Kenntnis geholfen werden kann.

Die Menschen, auf die sich die mangelnde Übergabe eines Kindes (an den Herrn) am meisten auswirkt, die Gebet brauchen und die deshalb am leichtesten einem Leiden an verschiedenen physischen oder emotionellen Problemen ausgesetzt sind, sind die Eltern, ein Zwillingsbruder oder -schwester, das nächste Kind in der Familie, ein an seiner Stelle adoptiertes Kind oder sogar, wie im Falle Joans, das feinfühligste Kind in der Familie. Manchmal werden Eltern durch solche Ereignisse in ihrer Vergangenheit nicht beunruhigt sein, bis sie die Wirksamkeit des Gebetes erfahren. Ein Vikar sah selbst, daß eine seiner Pfarrangehörigen von einer scheinbar unheilbaren Geistesverfassung geheilt und aus dem Spital entlassen wurde, nachdem sie für ihr abgetriebenes Kind gebetet und es bei einer Eucharistiefeier vor den Herrn gebracht hatte. Sehr ermutigt ging der Vikar auf Besuch zu einer anderen seiner Pfarrangehörigen, Mildred, eine Frau in den Sechzigern, die zwei Jahre lang Spitalsbehandlung wegen ihres Magenleidens mitgemacht hatte. Keine medizinische Ursache war zu finden, ihre schmerzhaften Symptome blieben. Nach mehreren Aussprachen brachte der Vikar Mildred dazu, einen Familienstammbaum aufzuzeichnen, um festzustellen, ob einer ihrer Vorfahren ohne liebende Übergabe an Gott gestorben war. Sie konnten keinen finden.

Plötzlich sagte Mildred: »Gut, jetzt werde ich Ihnen etwas sagen, was ich noch nie in meinem Leben jemandem gesagt habe.

Als ich ein Teenager war, hatte ich eine Abtreibung. Ich habe deswegen nie etwas unternommen.« Der Vikar schlug vor, daß sie in der Kirche einen Gottesdienst halten sollten, um das abgetriebene Kind in Gottes Obhut zu übergeben, und sie stimmte zu. Gegen Ende des Gottesdienstes waren alle ihre Magenschmerzen verschwunden, und sie empfand riesige Befreiung und Freude. Sie wollte jedem erzählen, daß ihr ganzes Leben sich geändert hatte.

Ich fragte den Vikar, warum Mildreds Magenprobleme erst zwei Jahre vorher begonnen hatten, nachdem die Abtreibung viele Jahre früher geschehen war. Er sagte mir, daß sie sich zwei Jahre vorher entschieden hatte, Christin zu werden und in die Kirche einzutreten; daher hatte sie erst in den letzten beiden Jahren beten gelernt. Es möchte scheinen, daß ihr Kind, als es endlich in geistlichen Kontakt zu ihr kam, durch ihre Magenschmerzen versuchte, ihre Aufmerksamkeit auf sich zu ziehen. Es war fast, als ob das Kind der Magenschmerz war.

Vielleicht war die Auslegung des Vikars richtig.

Krankheiten wie ernste Magenprobleme neigen dazu, uns auf uns selbst konzentriert zu halten, und erschweren unser Verständnis für die Hilfe, die der Tote braucht. Vielleicht sind solche Krankheiten das Werk des Bösen, der uns vom Gebet abhalten will. Aber wahrscheinlich gibt es eine einfachere, natürliche, genaue Erklärung. Als Mildred Christin wurde, nahm sie eine neue Gesamtheit von Moral und Glauben an, und vielleicht zum erstenmal fühlte sie sich schuldig wegen ihres abgetriebenen Kindes. Diese Schuld oder innere Qual mag sich durch ein Magenleiden ausgedrückt haben, denn eine geistige Verletzung findet oft einen physischen Ausdruck. Mag ein Leiden durch natürliche Schuld, durch einen Toten oder durch den Bösen verursacht sein, bin ich doch sicher, daß die Eucharistie gewöhnlich Heilung bringt.[6]

Vor allem Zwillingsgeschwister haben eine besondere Feinfühligkeit für ihren toten Bruder oder ihre Schwester. Bei einer Eucharistiefeier erwähnte eine Mutter, daß eine ihrer Zwillingstöchter bei der Geburt gestorben war und daß über sie im Spital verfügt worden war. Als über diesen Vorfall das erstemal gebetet wurde, brachte es den lebenden Zwilling zu Tränen der Freude. Sie sagte, sie habe ihre Zwillingsschwester beim Aufwachsen durch all die Jahre »beobachtet«, aber nie darüber zu sprechen gewagt.

In Indien kam eines Sommers eine bedrückte Mutter zu mir zu einer Besprechung über ihre schizophrene Tochter, die schon vielmals im Spital gewesen war. Unter anderen Symptomen litt sie an Größenwahn! Beim Aufzeichnen des Familienstammbaumes entdeckte ich, daß in der Familie viele Abtreibungen vorgenommen worden waren. Bei zwei Gelegenheiten beteten wir zusammen darüber, und jedesmal sagte die Mutter, obwohl eine Hindu, daß sie die Füße Christi am Kreuz sah. In der folgenden Woche reiste ihre Tochter etwa tausend Kilometer weit, um ihr zu sagen, daß sie sich plötzlich ganz wohl gefühlt hatte, und alle ihre Symptome verschwunden waren. Als wir ihr von unseren Gebeten für sie erzählten, war sie sehr dankbar und bat, ob wir sie zur Eucharistiefeier mitnehmen könnten! Nach dem Gottesdienst entschied sich die Mutter, die dort neuerlich Jesus Christus gesehen hatte, eine erfüllte Hindu zu sein.

Manchmal wird abnormes oder asoziales Verhalten bei einem Kind vorkommen, das anstelle eines verlorenen Kindes adoptiert wurde. Das Problem eines Mannes von achtundzwanzig Jahren wurde mir durch einen befreundeten Polizeibeamten vorgelegt. Der Mann war im Gefängnis, nachdem er zum fünften Male wegen Diebstahls verhaftet worden war. Schon als Kind hatte er aus der Geldbörse seiner Mutter gestohlen, aber sonderbarerweise nie zum eigenen Vorteil, sondern für andere.

Bei Besprechungen seiner Geschichte mit seinen Eltern fragte ich nach seiner Abstammung. »Wir wissen nichts von seiner Abstammung«, sagten sie, »weil wir ihn nach seiner Geburt adoptierten. Nachdem unser Sohn bei der Geburt gestorben war, gingen wir geradewegs zu einem Kleinkinderheim und adoptierten ein männliches Baby, das nach unserer Ansicht wie unser eigenes aussah. Wir liebten ihn und sorgten für ihn durch

Jahre, ganz als ob es unser eigener Sohn wäre.« Bei einer Eucharistiefeier gaben die erstaunten Eltern ihrem bei der Geburt gestorbenen Sohn einen Namen und gaben ihn im Gebet an Jesus Christus frei. Ihr adoptierter Sohn verließ das Gefängnis als neuer Mensch und hat jetzt eine verantwortungsvolle Arbeit.

So wie wir unseren eigenen Kindern bei der Taufe in Liebe einen Namen geben, sollten wir auch einem »verlorenen« Kind einen Namen geben um auszudrücken, wie es zu uns gehört und geliebt wird. Manchmal wird die Mutter, ein Bruder oder eine Schwester einen Namen für ein solches Kind wissen; sonst gibt der Herr bei unserem Gebet einen Namen. Bei einem Gottesdienst für ein frühgeborenes Kind, das nur vier Stunden lebte und kein kirchliches Begräbnis erhielt, versuchte die Mutter des Kindes tapfer, Jesus Christus dafür zu danken, daß er ihren kleinen Sohn heimgenommen hatte. Sie hörte deutlich seine Antwort: »Nein, zuerst mußt Du ihm einen Namen geben und ihm zeigen, daß er die Liebe einer Mutter hat, und dann übergib ihn mir.«

Eine Dame wurde mir durch ihren Arzt mit der Diagnose einer endogenen (aus inneren Gründen entstandenen) Depression überwiesen, da sie weder schlafen, noch essen, noch mit anderen in Beziehung treten konnte. Als junge Frau war sie Prostituierte gewesen und hatte infolgedessen mehrere Fehlgeburten und Abtreibungen gehabt. Sorgfältig nannte sie sie mit Namen, nahm Gottes Vergebung an, und übergab sie alle gläubig dem Herrn, jeden Sonntag, beim Besuch der Kirche. Sie wurde von ihrer Depression befreit, hat seither glücklich geheiratet und ist jetzt fähig, anderen Frauen in ähnlicher Lage zu helfen.

»Verlorene« Kinder auf diese Weise zu befreien, kann emotionelle und physische Heilung bringen. Zwei Frauen, die an einer Eucharistiefeier zur Befreiung ihrer Babys teilgenommen hatten, erzählten mir später von ihrer physischen Heilung. Die erste hatte zwei frühe Fehlgeburten in ihren Gebeten erwähnt und bemerkte zu ihrem Erstaunen, daß ihre Schmerzen und Symptome von spinaler Osteoporose (einer Krankheit des Rükkens, bei der Knochen ihre Festigkeit verlieren) plötzlich verschwanden. Sie stand von ihrem Rollstuhl auf und ging aus der Kirche. Die andere Dame betete für ihr eigenes, abgetriebenes Kind und übergab es an Jesus Christus. Vier Tage später berichtete ihr Arzt, daß sie von chronischer Colitis (Dickdarmentzündung) geheilt wurde.

Das Ehepaar Lancaster kam zu mir in großer Sorge um drei von seinen fünf Kindern. Das älteste Kind war drogenabhängig, ihre Schwester grob übergewichtig, und das jüngste Kind war seit dem Alter von sieben Jahren ein Dieb gewesen. Bei der Befragung kam heraus, daß drei Schwangerschaften der Mutter fehlgegangen waren und daß Elisabeth, das älteste Kind, nach einer vorherigen Abtreibung geboren war; Evelyn folgte einer Fehlgeburt, während Charles, der Jüngste, anstelle eines totgeborenen Kindes adoptiert wurde. Da diese drei Kinder niemals dem Herrn in irgendeiner Form übergeben worden waren, feierten wir für sie die Eucharistie und nachher fühlte sich die ganze Familie befreit. Elisabeth rührte nie wieder Drogen an, und Charles hörte zu stehlen auf, und Evelyns Gewicht wurde innerhalb von drei Monaten normal.

Heutzutage ist die Abtreibung ein häufiges Vorkommnis. Dessen ungeachtet ist der unmittelbare psychische Schaden der Mutter tiefgehend, die Langzeitwirkungen können lebenslang dauern.

»Man brachte auch kleine Kinder zu Jesus, damit er ihnen die Hände auflege. Als die Jünger das sahen, wiesen sie die Leute schroff ab. Jesus aber rief die Kinder zu sich und sagte: »Laßt die Kinder zu mir kommen; hindert sie nicht daran! Denn Menschen wie ihnen gehört das Reich Gottes.« (Lukas 18,15.16. EÜ)

Manche Leute glauben, daß alle Kleinkinder geradewegs zu Gott kommen, wenn sie sterben. Das ist wirklich so, wenn sie auf Erden geliebt wurden und für sie gebetet wurde. Ich habe über sechshundert Fälle von verstorbenen Babys erlebt, die in demselben Maß weiterwuchsen als sie im Leben gewachsen wären. Jedes Baby hat seinen eigenen Schutzengel, der auf den Zeitpunkt von Liebe und Übergabe an Gott wartet; dann hat der Engel die Erlaubnis zu handeln. Und ich bin nicht der Meinung, daß bei einer nur wenige Wochen dauernden Schwangerschaft das Baby nicht entwickelt war und nicht als Mensch zählt. Meine Erfahrung, diese Babys in ihrer eigenen Altersgruppe zu »sehen«, beweist mir die Wahrheit von Gottes Wort »Bevor ich dich im Mutterleib formte, habe ich dich gekannt« (Jer. 1,5 und Psalm 130,13). Solche Kinder waren wirkliche Menschen mit Seelen und Gedächtnis an den liebenden Gott, der einmal an ihnen gehandelt hatte.[7]

6. BEFREIUNG VON GEISTERN

Jahrhundertealte Traditionen fordern Segnungen von Gebäuden und Plätzen, um sie von den Einflüssen der Toten freizumachen. Ich habe fünfundsechzig beurkundete Fälle von »Spuk«, der auf Gebet aufgehört hat. Das sind nicht die gewöhnlichen, subjektiven Fälle von Spuk, der nur von einer Person gesehen und wahrscheinlich verursacht wurde durch die psychische Projektion einer geleugneten Erfahrung oder durch fruchtbare Einbildung. Die hier gemeinten Fälle haben Merkmale von Objektivität, nämlich Ereignisse, die von anderen, stabilen Leuten beobachtet wurden, und Objekte, die ohne menschlichen Willen bewegt wurden. Nachdem alle möglichen Erklärungen in Betracht gezogen worden sind – Massenhalluzination durch psychische Ansteckung, okkulter Einfluß oder Gleichgewichtsstörung im psychiatrischen Sinn – gibt es klarerweise für viele Menschen eine einfache Erklärung: der Geist, der an einem Ort spukt, kann ein Toter sein, der Gebet braucht. Wenn er als solcher behandelt wird, habe ich nie gefunden, daß ein objektiver Spuk fortdauert.

Nicht nur Häuser und andere Gebäude können durch Gebet dieses Wortlautes befreit werden. Diese Wirkung kann auch für Orte eintreten, an denen ungewöhnliche und sonst unerklärliche Unfälle vorkommen, wie etwa gerade Strecken einer bestimmten Straße, Gebiete des Himmels oder des Meeres wie das vielgefürchtete Bermuda-Dreieck.

Über Hunderte von Jahren hat das Bermuda-Dreieck (ein Gebiet im Atlantischen Ozean, begrenzt durch eine gedachte Linie von Bermuda nach Miami, weiter nach Portorico und zurück nach Bermuda) Schiffe und Flugzeuge verschlungen, oft spurlos. Das bloße Gewicht der Bücher, die darüber geschrieben wurden, könnte ein kleines Schiff zum Sinken bringen. Die meisten Seeleute vermeiden diese Gegend, aber wie viele andere Leute, besonders Landratten, spottete ich über solche irrationalen Ängste. 1972 segelten meine Frau und ich durch das »Dreieck« auf einem Bananenschiff, als wir in einen Sturm der Windstärke 9 kamen. Wir hielten Kurs nach Süden, weg von dem Sturm in die verrufene Sargasso-See. Dort barst einer der Dampfkessel des Schiffs und ließ uns ruhig dahintreiben.

In der Stille hörten meine Frau und ich genau einen fremdartigen Laut, wie ein ständig summendes Klagelied, das Tag und Nacht andauerte. Zuerst dachten wir, es sei die Besatzung aus Jamaica, aber durch Überprüfung stellten wir fest, daß sie nichts dafür konnten. Dann fand ich einen Vorratsraum mit Diagrammen der alten Sklavenschiffe, die diesen Kurs befuhren, mit Einzelheiten darüber, wie fast zwei Millionen Sklaven über Bord geworfen wurden. Kürzlich kam das Buch »Roots« (Wurzeln) von Arthur Hailey dramatisiert im Fernsehen und erzählte bewegend von den vielen toten oder sterbenden Sklaven, die auf einer solchen Reise in das Meer geworfen wurden. Die Zahl der Sklaven, die in Westindien oder Amerika für unverkäuflich gehalten wurden, wuchs rasch mit der Annäherung an den Bestimmungsort, weil die Zustände an Bord der Sklavenschiffe sich mit der Dauer der Reise noch weiter verschlechterten. Oft nahmen die Händler für »verlorene« Sklaven mehr Geld von der Versicherung ein als durch ihren Verkauf in Virginia.

Als wir wieder zu Hause in England waren, fiel uns ein, daß wir jenen Trauergesang zu einem bestimmten Zweck gehört hatten. Vielleicht hatten wir die Verantwortung, für diese unglücklichen Sklaven zu beten, die ohne Gebet im Namen des Herrn gestorben waren, und für die Grausamkeit der Urheber Buße zu tun. So wurde im Juli 1977 mit einigen interessierten Bischöfen und einigen Mitgliedern der Anglican Community of the Resurrection (»Anglikanische Auferstehungsgemeinschaft«) eine Jubiläumseucharistie an verschiedenen Orten in ganz England gezielt für die Erlösung aller derer gefeiert, die im Bermuda-Dreieck ihren vorzeiten Tod gefunden hatten. Einige Monate später beteten der anglikanische Bischof Anselm Ganders und der Reverend Donald Omand, ein anglikanischer Priester aus Devon, ebenso in Bermuda selbst. Der Fluch auf dem gefürchteten Ort war gelöst.

Von der Zeit der Jubiläums-Eucharistie bis heute – fünf Jahre später – ereigneten sich im Bermuda-Dreieck keine bekannten, unerklärlichen Unfälle. Vielleicht bauen sich böse Mächte gerade jetzt wieder an diesem Ort auf, und ein Unfall oder ein Verschwinden kann sich ereignen, aber wir sind sicher, daß das Gebet die Waffe ist, um solches Böse zu zerstören und eine solche Gewalt zu brechen.

Viele Autoritäten sind von der Möglichkeit überzeugt, Orte zu befreien, an denen die ruhelosen Toten spuken. Donald Omand betet regelmäßig an Orten, wo öfter unerklärliche oder ungewöhnliche Unfälle geschehen sind, und jedesmal wird der Fluch des Bösen gebrochen. Im Laufe einer Untersuchung dieses Phänomens zum Zweck eines Dokumentarberichtes ging ein Fernsehteam der BBC (Britischer Rundfunk) den Vorfällen auf einem Straßenstück zwischen Charmouth und Morcombelake in Dorset nach, auf dem es weder gefährliche Ecken noch unübersichtliche Kreuzungen gab. Donald Omand hatte an dieser Strecke Gebete gesprochen, und es stellte sich heraus, daß in den sechs Monaten vorher siebzehn Unfälle in diesem Straßenteil geschehen waren. In den folgenden sechs Monaten gab es keinen einzigen Unfall.

Manchmal scheint es, daß Gebet und eine erklärte Intention, die Eucharistie an einem bestimmten Ort zu feiern, zur Befreiung des Ortes vom Spuk genügen. Das war ersichtlich, als ich zum Besuch eines Lehrerbildungskollegs im Süden von England eingeladen wurde. Die Leiterin bat mich, unauffällig zu kommen, weil sie Probleme mit einem der Wohnheime hatte, in dem zu schlafen sich manche Studenten geweigert hatten. Es herrschte die allgemeine Ansicht, daß es in diesem Gebäude spuke, und jede Mitternacht konnten dort unheimlicher Lärm und Schreie gehört werden. Nach der Überlieferung war das so durch die vergangenen dreihundert Jahre gegangen, und die Leiterin selbst blieb bei der Meinung, daß sie fremdartige Geräusche gehört hatte. Sie machte sich Sorgen über deren Ursache und verlangte, daß ich dort ein Gebet spreche, um jeden Geist zur Ruhe zu bringen, der die Mißlichkeit verursachte.

Die Tatsache, daß dieses Gebäude im Ruf des Spuks stand, machte daraus in der Kleinstadt eine Art von Touristenattraktion, und manchmal kamen Leute und blieben die ganze Nacht wach, um zu horchen und zu beobachten. Dieser Teil des Kollegs lag neben einer Kathedrale, die an der Stelle eines alten Nonnenklosters gebaut war; um diesen Zusammenhang hervorzuheben, hatte eine Gruppe Studenten die Wände mit Posters beklebt. Einige davon stellten religiöse Gegenstände oder die Kathedrale selbst dar, andere zeigten Stierkämpfe und andere gewalttätige weltliche Ereignisse. Alle waren lebhaft koloriert, alle in demselben Format und alle auf dieselbe Art befestigt. Dann versperrten und versiegelten die Studenten das Tor der Gebäudes.

Am nächsten Morgen fanden sie, daß die religiösen Posters zerrissen auf dem Boden lagen, während die anderen noch in ihrer Lage an den Wänden hingen. Das geschah jedesmal, wenn die Posters angebracht wurden.

Eines Nachts versammelten sich vier von uns in dem Gebäude, unentschlossen, etwas zu tun. Wir sprachen das Vaterunser und baten um Führung. Das Ergebnis war der Entschluß, daß eine Gruppe von Priestern dorthin zur Eucharistiefeier kommen sollte, und drei Wochen später versammelten wir uns geheim zu diesem Zweck. Als wir jedoch kamen, sagte uns die Leiterin, daß sie nur noch einen Lob- und Dankgottesdienst brauchten, weil sich der Lärm und die Schreie seit dem Gebet nicht wieder ereignet hatten. Dann hörten wir die Geschichte, die anscheinend unseren ersten Besuch herbeigeführt hattte. Einige von den skeptischen Studenten hatten beschlossen, über Nacht in dem Gebäude zu bleiben, fest überzeugt, daß nichts Ungewöhnliches geschehen würde. Sie waren überrascht, eine als Edelmann gekleidete Gestalt zu sehen, mit dem breitkrempigen Hut aus der Zeit Charles I., wie sie aus der Tür eines Einbauschrankes auftauchte. Dann hatte der Lärm begonnen.

Sie hatten ungläubig auf die lauten Schreie gehorcht, als die Gestalt des Edelmannes scheinbar eine Nonne vergewaltigte und tötete, ihre Leiche drei Treppen herunterfallen ließ, begleitet von einem Lärm wie von einem mit Ziegeln angefüllten Eimer, und sie dann einen Gang entlangschleppte, bis der Lärm plötzlich aufhörte. Das Drama war vorbei. Jedoch inmitten des Tollhauses knieten die verschreckten Studenten bei ihren behelfsmäßigen Betten und beteten.

Wir folgten dem Weg des Edelmannes zu der Stelle, an der der Lärm in der Mitte des Ganges aufgehört hatte: An dieser Stelle begannen anstelle des Steinbodens Holzblöcke. Mit der Frage, ob jemand einmal von einem geheimen Ausgang aus dem Gebäude gehört hatte, zog ich einen Teil des Gummi-Bodenbelages weg. Darunter war eine rostige Falltür zu einer Reihe von Stufen, die zu einem Keller führte. Kein Anwesender wußte, daß der Gang existierte.

Ich kann nicht sicher sein, ob tatsächlich jemals ein Edelmann an dieser Stelle eine Nonne vergewaltigte und ermordete. Ich weiß aber sicher, daß die Bindung alles offenkundigen Bösen durch das Vaterunser und die erklärte Intention einer Eucharistiefeier für alle der Hilfe und Erlösung Bedürftigen ausreiche, um die Störung durch den Spuk auf Dauer zu beenden.

Es ist nicht ungewöhnlich, daß von ungelöstem Spuk befallene Leute als schizophren bezeichnet werden. Maggie war so diagnostiziert und wurde mir durch ihren Arzt überwiesen. Sie hatte einen unsichtbaren Freund Peter, mit dem sie sich häufig unterhielt. Sie bestand darauf, daß er ihr und anderen Leuten immer am Flußufer zu helfen versuchte. Ich prüfte ihre Erzählung und entdeckte, daß viele andere die zerzauste Gestalt am Flußufer gesehen hatten, und angeblich löste sie sich mysteriös in Luft auf. Er wurde als »der Landstreicher Peter« bezeichnet. Vielleicht war er ein Landstreicher gewesen, der von eigener Hand gestorben war und versuchte, anderen zu helfen, während er auf Hilfe für sich selbst wartete.

Folglich hielten drei Priester eine Eucharistiefeier für Peter gerade dort an dem Flußufer. Während des Gottesdienstes sah

Maggie neuerlich Peter, diesmal in Weiß gekleidet vom Fluß aufstehen und den Betenden für seine Erlösung danken. Die Priester selbst fühlten einen solchen Eindruck des Friedens, daß jeder von ihnen sich bereiterklärte, in Zukunft solche Eucharistiefeiern zu halten, und tatsächlich haben sie es viele Male getan. Weder Maggie noch sonst jemand hat Peter wiedergesehen.

Vor einigen Jahren zog eine Familie mit drei Jungen und zwei Mädchen in ein schönes Haus im Tudor-Stil im New Forest. Es war auf sehr alten Fundamenten gebaut, und ein Fluß mit zwei ländlichen Brücken floß durch den Garten. In einem Flügel des Gebäudes spukte es sogar. »Dort kann niemand schlafen«, wurde ihnen gesagt; »es ist furchtbar in der Nacht«. Das wurde von den Eltern als großer Unsinn abgetan; sie vermuteten, daß Fledermäuse oder Eulen den störenden Lärm gemacht hatten. Tatsächlich wurde dieser Teil des Hauses für Schlafräume der Kinder und der Gäste ausgewählt.

Die Familie zog glücklich ein und wertete die Erzählungen über den »Spuk« ab, die sie von anderen Dorfbewohnern, von vorbeigehenden Zigeunern und sogar vom Postboten gehört hatten, der Briefe nur in den Briefkasten am Tor abgeben wollte und sich weigerte, in das Haus heraufzukommen. Die meisten Verwandten und Freunde, die das Haus besuchten, erlebten dort erfreuliche Erfahrungen und fühlten eine große Ruhe.

Manchmal geschahen jedoch unerklärliche Dinge. Einmal wurde eine Besucherin von einem Mann aufgeweckt, der sie eilig am Arm zog, ein anderes Mal hörte ein Kindermädchen eine Stimme die Worte wiederholen: »Bitte möchte jemand aufwachen und mir helfen?« In der Meinung, daß da jemand in Bedrängnis war, stand sie auf und ging auf den Gang in der Richtung zu der Stimme. Sie fühlte sich zurückgerissen, als sie bemerkte, daß die Stimme von hinten kam: Sie war durch sie durchgegangen. Einige Monate später schrie einer der Söhne, ein stabiler Zehnjähriger in der Nacht auf, aufgeweckt durch die Schiebetür eines großen Wandschrankes in seinem Zimmer, die sich auf den Rollen langsam öffnete. Eine der Töchter wurde mehrmals in der Nacht durch starke Geräusche auf dem Gang vor ihrem Zimmer gestört und beschrieb sie »wie wenn jemand an Blähungen leidet«. Schließlich ließ sie draußen eine Dose mit Verdauungstabletten stehen, mit einer großen Anweisung: »Das nächstemal versuch es mit dem!«

Manchmal verlangten die Knaben oder einer ihrer Spielgefährten, »dem alten Mann sollte man sagen, daß er fortgeht; er steigt auf die Züge (der Spieleisenbahn), er schlurft immer herum; er wirft nichts um und ist sehr still, aber er geht durch geschlossene Türen und Fenster und erscheint um Ecken herum.« Sie waren nicht wirklich erschreckt, es war nur ein Unfug. Ihr Vater blieb skeptisch, aber eines Abends kam vom Schlafzimmer der Knaben – oberhalb des Zimmers, wo er lesend saß – Lärm wie von Spieleisenbahn mit Federantrieb, Öffnen von Schubladen, laufenden Füßen über den Boden und Stimmen. Er eilte hinauf, das Schlafzimmer war ruhig und dunkel. Die Knaben schliefen gesund und friedlich, zugedeckt wie gewöhnlich. Es schüttelte ihn. Als er auf seinem Rückweg über den Flur ging, wurde er wieder durch ein lautes Geräusch auf dem Kronleuchter erschreckt – aber er konnte keine Ursache dafür sehen.

Um Weihnachten kam Elsbeth, die älteste Tochter, zum ersten Besuch im neuen Haus. Sie war eine vernünftige, wirklichkeitsnahe Studentin und höchst belustigt durch die sonderbaren Erzählungen ihrer Familie. Sie sprach ihr Gebet und ging zuversichtlich zu Bett. Am nächsten Morgen beim Frühstück bemerkte sie nebenbei: »Ich hatte ein langes Gespräch mit eurem ‚Freund' in der Nacht. Ich dachte, das bist Du, Vati, Du gehst durch die Mansarde und suchst etwas, da setzte ich mich auf und wollte Dir helfen.« Überrascht über ihre eigenen Worte schlug sie sich eine Hand vor den Mund, und halb lachend sagte sie heftig: »Es ist wirklich wahr. Er ging in der Mansarde über mir hin und her; aber ich konnte ihn doch sehen. Ich verstehe nicht, wie. Er war alt und groß, mit einem Schnurrbart und einem freundlichen Gesicht. Er trug einen grauen Anzug, der ihm viel zu groß war, und Hausschuhe. Er sagte mir, sein Name sei Conan Doyle und nannte mich Elsbeth. Er sagte: ‚Tut mir leid, daß ich Dich aufgeweckt habe, das wollte ich nicht. Ich suche mein Tagebuch, es ist rotes Leder mit einem schwarzen Gummiband herum. Ich versteckte es irgendwo und meine Frau sagte, es muß bei meinen Memoiren sein. Bitte hilf mir. Ich bin so glücklich, daß jetzt eine Familie mit Kindern hier lebt, wo meine Kinder lebten. Leg Dich nieder und schlaf wieder. Ich verspreche, ich komme nicht mehr, aber wenn Du mein Tagebuch findest, bitte laß es vor dem Tor liegen.' Dann war er weg.«

Elsbeth war durch den Vorfall gar nicht beunruhigt, aber ihre Familie war verblüfft. Ihr Vater ging zum Pfarrer, der viele Jahre in der Nähe gewohnt hatte, und besprach die Vorfälle mit ihm. Der Priester sagte ihm, daß Conan Doyle einmal in dem Haus gewohnt hatte und im Ortsfriedhof begraben war. Er sagte: »Ich habe so viel über den Spuk in Ihrem Haus gehört, jetzt wissen wir, wer es ist. Ich glaube, er schämt sich wegen des Tagebuchs, das er viele Jahre führte. Wissen Sie, Conan Doyle war einmal Christ, bis er begann, um des Spiritismus willen im Okkulten zu pfuschen. Er starb 1930 im Alter von siebzig. Ich werde in Ihr Haus kommen und beten, sodaß er schließlich in Frieden sein kann.«

Einige Familienmitglieder versammelten sich im Musikzimmer, wovon ein Teil das Arbeitszimmer Conan Doyles gewesen war. Der Priester betete ein ganz kurzes Gebet, ohne irgendeinen Ritus, und übergab den unruhigen Schriftsteller dem Herrn. Seit diesem Tag vor einundzwanzig Jahren gab es dort keine weiteren Erscheinungen, und das Haus war in Ruhe. Die Dorfbewohner fanden, daß ein neuer Friede die ganze Gegend durchdrang, auch die Feldwege an dunklen Abenden. Ein Zeitungsbericht besprach, daß eine ganze Woche nach diesem Übergabegebet der Aufzug vor der Tür zur alten Ordination des Arztes[1] in der Londoner Welbeck Street angehalten hatte, gleich, welcher Stockwerksknopf gedrückt worden war. Die Daily Mail berichtete, daß »Frau Roberts, das berühmte Medium in Kent, zuletzt eine Botschaft von Conan Doyle erhielt, womit er sich entschuldigen wollte, daß er während seines Lebens so viele Leute verleitet hatte.« Sein Tagebuch wurde nie gefunden.

Viele Geister sind einfach das Produkt von überspannter Einbildung oder sehr oft Projektionen von Dingen, denen ein Mensch nicht ins Auge sehen will. Zum Beispiel könnte eine zimperliche alte Jungfer in dunklen Gängen vage Männergestalten auf Raubzügen sehen, weil sie ihre Sexualität fürchtet, aber dies leugnet, bis sie projiziert wird. Wenn sie Geister sieht, können sie auch wie verschwommene, lüsterne Gestalten aussehen. Für sie werden sie sehr wirklich sein, und sie wird diese Erfahrungen nur denen mitteilen, die sie ernst nehmen. Aber gleichgültig, ob jemand von der objektiven Wirklichkeit solcher Geister überzeugt ist oder nicht, ist es notwendig, solchen Leuten dienlich zu sein und zu helfen: Eine Möglichkeit ist die Feier der Eucharistie für »was da sein mag«, und dadurch diesem Menschen zu ermöglichen, der Jung'schen Schattenseite zu vergeben, die sie vielleicht projizieren, und ihren Blick von der eigenen Furcht auf Jesus Christus umzuschalten und so diese Furcht zu überwinden. Geister können so subjektiv und unwirklich sein wie geträumte Personen, aber beide enthüllen viel über gewisse Seiten des Menschen, die die Berührung der Vergebung und Liebe Jesu Christi brauchen.

Ich verbringe jetzt weniger Zeit mit dem Versuch festzustellen, ob Geister objektiv wirklich sind oder nicht, und mehr Zeit mit der Nachforschung, warum ein lebender Mensch glaubt, daß der Tote oder Geist ein Gebet und Versöhnung braucht. Sobald der Lebende beginnt, mit dem Geist versöhnt zu werden, wird dieser Mensch zugleich versöhnt mit den Teilen seines Selbst, die in die Geister projiziert worden sein mögen. Wenn so die alte Jungfer dem lüsternen Geist vergibt, beginnt sie, sich mit ihren sexuellen Trieben zu versöhnen und sie vor Jesus Christus zu bringen, sogar wenn die »Geister« keine objektive Wirklichkeit haben mögen.

Wir wissen nicht, ob diese »spukenden« Geister gut oder neutral oder böse sind, noch wissen wir, welche Wechselwirkung es zwischen diesen dreien geben kann. Wir können nicht sicher die beste Methode bestimmen, um Wohnungen, Straßen, Klassenzimmer oder Schlachtfelder zu befreien, und wir können nicht sagen, ob sich Böses wieder an Orten aufbaut, die befreit worden sind; aber wie kann es verhindert werden? Wir wissen mit absoluter Sicherheit, daß Orte und Leute befreit werden, sobald wir böse Geister binden, wenn wir die Eucharistie für jeden beliebigen Toten darbringen, der Erlösung benötigen mag, und uns selbst Jesus Christus, dem Herrn über alle Mächte übergeben (Römer 8,38f.).

Dom Robert Petitpierre, ein Benediktinermönch und Exorzist von Orten, wendet vier traditionelle Schritte an: Erstens einen allgemeinen Exorzismus von allen Räumen in einem Haus mit Weihwasser, zweitens eine Eucharistiefeier mit Gebeten für die Toten, drittens eine Segnung des ganzen Gebäudes und jedes Raumes, viertens eine zweite Eucharistiefeier zu Ehren des Patrons oder des hl. Michael und aller Engel und zum Abschluß das Lob Gottes mit Tedeum oder Gloria. Dann steht das Haus unter dem Schutz des Herrn.

Obwohl England heute die Hälfte der Geister der Welt beherbergen mag, ist der Glaube sehr alt, daß Orte Befreiung und Schutz benötigen können. In allen Religionen gibt es eine lange Tradition des Pilgerns zu heiligen Orten.

Durch fast zweitausend Jahre sind Christen in das Heilige Land gereist, um ehrfürchtig den Schritten Jesu zu folgen. Die christliche Bibel beurkundet die Entheiligung von Orten, wie durch das vergossene Blut Abels (Gen. 4,10).[2] Jesus ging oft bei einer Müllablage von Jerusalem vorbei, Gehenna im Hinnomtal, die durch heidnische Kinderopfer entheiligt worden war. Dieser Ort konnte einen Juden »unrein« machen. Daß dort das Böse war, wurde von jedermann zugegeben, und das wurde ein Bild für die Hölle (Matth. 5,22). Ähnlich waren in Zeiten des Mittelalters Orte, die durch eine Schwarze Messe entheiligt waren, »unrein«, bis sie durch Segen gereinigt wurden.

Bauern üben heute oft den alten Brauch der Feldersegnung an den Bittagen; Schiffe und Gebäude können nach der Erbauung gesegnet werden; Kirchen werden immer nach der Erbauung geweiht. »Vater gewähre uns, diese Mauern zu segnen. Fülle ihre Leere mit Deiner Liebe« (Whittier). Viele solche Überlieferungen sind jedoch verlorengegangen, weil die Geisterwelt, an die die Menschen im Mittelalter glaubten, allgemein als Aberglaube verspottet wird. So werden Menschen fühllos für die Eignung mancher Orte (z. B. Lourdes), sie für den Empfang des Geistes Christi zu öffnen, während andere Orte sie für die Geister der Toten oder des bösen Feindes öffnen können.

Manchmal brauchen Orte nicht nur die Befreiung von Toten, sondern auch von okkulter Kraft. Ein befreundeter Arzt blieb dabei, daß er oft einen schwarzen Hund sah, wie er nachts die Stiege in drei Sätzen hinauf- und hinuntersprang. Zwar glaubte ihm seine Frau nicht, aber ich. So banden wir das Böse, befahlen ihm zu gehen und beteten für jeden, der Gebet benötigen könnte. Der Hund hörte mit seinem nächtlichen Toben auf. Als der Arzt ein Jahr später einen Heizkörper (der in die Wand eingesetzt war) entfernte, entdeckte er dahinter auf der Wand das Gemälde eines schwarzen Hundes mit Spuren von Kerzenwachs, klare Überbleibsel aus einer okkulten Zeremonie vor langer Zeit. Da war seine Frau voll überzeugt, daß es keine Einbildungen des Arztes gewesen waren.

Das ist kein vereinzelter Fall. Dr. Kurt Koch stimmt der Meinung zu, daß Spuk gewöhnlich dort auftritt, wo es okkulte Praktiken gegeben hat. Er schreibt: »Eine der rätselhaftesten Erscheinungen sind die Spukphänomene am Tatort oder Wohnort der Okkultisten während sie noch leben und auch, wenn sie schon tot sind. Solange die okkulten Praktiken noch leben, lassen sich mit Benders Theorie von der Sonderexistenz partizipierter, psychischer Partien die Spukphänomene verstehen. Das Andauern der rätselhaften Phänomene nach ihrem Tod ist rational unerklärbar... Hier müßte schon eine transzendente Erklärung zu Hilfe genommen werden, es sei denn, die parapsychologische Wissenschaft findet eines Tages den Schlüssel zu diesem Geheimnis.«[3]

Tatsächlich sollten wir – bis zu einer besseren wissenschaftlichen Erklärung – jedes Mittel anwenden, um dem gestörten

Ort Frieden zu bringen: Erstens uns von aller und jeder okkulten Beteiligung lossagen und den Bösen binden, ihm befehlen zu gehen, und an die Verfügung über spiritistische und okkulte Objekte denken, die Geister an Orte heranziehen. Zweitens womöglich die Identität der Person entdecken, die »spuken« mag, und ihn oder sie durch Gebet befreien, wobei die Eucharistie besonders wirksam ist. Wenn die Identität nicht festgestellt werden kann, sollte für jeden gebetet werden, der das Gebet benötigen könnte, einschließlich der von dem Toten Geschädigten. Drittens von allen Anwesenden die Übergabe ihres Lebens an den Herrn fordern und für sie den Schutz seiner Engel erbitten, sodaß seine Gegenwart den ganzen Ort erfüllen kann und es keinen Raum für Böses gibt.

7. DIE WELT DER FINSTERNIS

1964 lud mich Bischof Mortimer, damals Bischof von Exeter, zur Teilnahme an der neugebildeten Exorzismus-Kommission von Exeter ein. Obwohl ich in meiner psychiatrischen Praxis erst ein Jahr gearbeitet hatte, konnte ich der Kommission zwölf Fälle vorlegen, die durch das Okkulte geschädigt waren, denn eine Anzahl von Ärzten hatte mir solche Patienten überwiesen.

Seit dieser ersten Zusammenkunft, bei der nur zwei anglikanische Bischöfe der Einladung gefolgt waren, wuchs das Werk der Kommission bis heute, wo achtunddreißig Bischöfe vertreten sind. Jetzt hat jede Diözese in England einen ernannten Exorzisten. Die Kirche beginnt, die Gefahren des Okkulten wahrzunehmen. Aber ich übertreibe den Umfang der dämonischen Wirkungen nicht, denn damit waren nur vier Prozent der Fälle erfaßt, die ich stationär und in Ambulatorien behandelte. Der Prozentsatz solcher an mich überwiesener Fälle ist jedoch im Steigen, und meine Patienten sind weitgehend jene, die auf andere medizinische oder psychiatrische Behandlung nicht angesprochen haben. Viele Patienten, bei denen solche Behandlung erfolglos blieb, wurden durch Gebet geheilt, selbst wenn sie nichts von dem Gebet für sie wußten.

Wenn ein Verdacht besteht, daß im Leben eines Menschen okkulte Kräfte am Werk sind, ist eine gründliche medizinische Befundaufnahme die Voraussetzung jeder weiteren Behandlung. Wenn bei jemandem der Verdacht einer dämonischen Bedrängung besteht, kann er in Wirklichkeit an depressiver Psychose, Schizophrenie oder den Wirkungen anderer organischer Psychosen leiden. Dieser Patient könnte akut neurotisch sein, verborgene Aspekte seiner Persönlichkeit oder ein aus der Tiefe des Unterbewußtseins auftauchendes Bild könnte die Ursache sein. Obwohl alle diese Diagnosen als psychiatrische Störungen behandelt werden sollten, schließen sie nicht eine dämonische Kontrolle aus.

Da kann eine bloße Geisteskrankheit vorliegen; es kann Geisteskrankheit zugleich mit dämonischer Kontrolle vorliegen oder nur dämonische Kontrolle. Die Probe darauf ist nicht das Vorliegen oder das Fehlen geistiger Erkrankung, sondern eine Reaktion auf Gebet oder Eucharistiefeier. Diese Diagnose sollte so genau wie möglich erstellt werden.

Muriel, eine Frau in den Dreißigern, behauptete, sie sei »besessen« und sehe Teufel vor ihr tanzen. Ihr römisch-katholischer Priester sandte sie zu mir mit der Frage nach meiner psychiatrischen Meinung; falls ihre Erzählung wahr sei, hoffe er, ich würde die »Teufel« identifizieren können, so daß ein Exorzismus möglich wäre. Muriel schien sicher depressiv und verwirrt. Sie war auch sehr blaß. Sie beschrieb ihre »Teufel« als kleine schwarze Dinger, die immer vor ihren Augen tanzten, wenn sie plötzlich vom Bett oder von einem Armstuhl aufstand. Ein einfaches Blutbild zeigte einen deutlichen Grad von Anämie, und sie hatte auch einen sehr niedrigen Blutdruck. Trotzdem hatte ich seit meinem privaten Morgengebet die klare Überzeugung, daß ein Teil ihres Problems mit einem Spazierstock irgendeiner Art verbunden war.

Bei ihrem nächsten Besuch gab ich Muriel eine Verschreibung für Anämie, und als sie schon im Fortgehen war, fragte ich sie nach dem Spazierstock. Sie errötete und murmelte: »Was meinen Sie?« Ich sagte, ich wüßte nicht genau, was ich meinte, und fragte wieder nach dem Stock. Schließlich erzählte sie mir von einem juwelenbelegten Bischofs-Krummstab, der von einem ihrer Vorfahren gestohlen worden war. Er war seit einigen Generationen unter den Bodenbrettern ihrer Familienwohnung versteckt gelegen. Nach einigen Erkundigungen konnte ihr dazu verholfen werden, daß der wertvolle Krummstab den Nachkommen des rechtmäßigen Eigentümers zurückgegeben wurde. Innerhalb von zwei Wochen war Muriel verwandelt: Eine freie, glückliche Frau.

Jetzt konzentriere ich mich weniger auf »besessene« Patienten wie Muriel, die hauptsächlich Medikation brauchen, sondern mehr auf Patienten, die wirklich unter der Bindung des Okkulten stehen. Das umfaßt alle Praktiken, die Kraft oder Wissen aus einer Quelle suchen, die der Lehre Gottes entgegengesetzt ist (Deut. 5,6–10; 18,10–12). Zum Beispiel Astrologie, Ouija-Bretter, automatisches Schreiben, Horoskope, Vorhersagung des Schicksals, Wahrsagerei, Seancen, Tarot-Karten[1], Hexenwerk und Transzendentale Meditation[2] sind alles Werkzeuge des bösen Feindes. Sie mögen anfangs schuldlos und nur zum Spaß ausgeübt werden, aber sie führen weg von Gott. Die Psychiatrie anerkennt die Realität, daß das Okkulte der Welt der bösen Geister die Tür öffnet. Psychiatrische Forscher dokumentieren sogar Heilungen wie zum Beispiel einen Wechsel der sexuellen Haltung, die durch das Gebet des Exorzismus herbeigeführt worden sind und die Freiheit und das Entrinnen aus dieser Welt mit sich bringen. In einem Artikel in THE PRACTITIONER (einer britischen Ärztezeitschrift) vom März 1974 berichtet Dr. Richard Mackarness (Zweiter Psychiater am Park Prewett Hospital, Basingstoke in Hampshire), wie ein Exorzismus einem Patienten half, der an einer schizoiden Erkrankung litt.

»In den letzten zehn Jahren stieg das Interesse am Okkulten enorm an, besonders unter der Jugend. Dieses wachsende Interesse ist zusammengefallen mit steigendem Mißbrauch von ‚weichen' und ‚harten' Drogen und diese beiden Dinge können leicht in Zusammenhang stehen. So wie Psychiater immer mehr Patienten wegen Dorgenmißbrauches behandeln, so steigt auch die Anzahl derer, die unter dem Einfluß okkulter Praktiken stehen, und die in Anstalten eingewiesen werden. Manche von diesen sind ernstlich gestört und sprechen nicht gut auf die fachlich-psychiatrische Behandlung mit Elektroschock-Therapie und psychotropischen Drogen an. In manchen Fällen werden ihnen nur Exorzismus und Gebet helfen.«

Als Dr. Mackarness an solchen Patienten die üblichen Medikamente mit negativen Ergebnissen angewendet hat, schließt er: »Nachdem ich mit den fachlichen therapeutischen Behelfen zu

Ende war, begann ich, den Verdacht zu schöpfen, daß ich es mit einem Fall des Besessenheits-Syndroms zu tun hatte. Ein Kollege, Dr. Kenneth McAll, hat kürzlich einen Artikel darüber veröffentlicht; daher entschied ich mich, ihn hinzuzuziehen und einen Exorzismus zu erörtern. Ich brachte von meiner Wohnung ein Kruzifix mit, und zusammen mit einer Krankenschwester, die er als Anstandsdame mitbrachte, hielten wir den Gottesdienst ab. Das Ergebnis war dramatisch. Die Patientin sagte, sie fühle sich plötzlich besser, und sie erholte sich nachher immer mehr. Ihre Medikamente wurden rasch abgesetzt und nicht wieder angewendet.«

Die Patientin des Dr. Mackarness war eine 38 Jahre alte Fabriksarbeiterin und als »schizophren« in das Spital aufgenommen worden. Sie beantwortete eingebildete Telefonanrufe ihres toten Vaters und konnte »Fußtritte« auf dem Boden des Krankenzimmers »sehen«. Ihre Einsicht war armselig, sie war im Denken verwirrt und im Sprechen durch einen niedrigen Intelligenzquotienten beeinträchtigt. Körperlich war nichts auffällig, außer, daß sie manchmal schlecht schlief. Sie war eine kleine, selbstbewußte Frau, die in ihrer Familiengeschichte nichts von geistiger Störung hatte.

Als ich zur Abgabe einer zweiten psychiatrischen Beurteilung gerufen wurde, erzählte mir die Frau, daß sie fünf Monate vorher ein spiritistisches Paar wegen Heilung aufgesucht hatte. Sie hatte sie um Hilfe gebeten, weil sie sich für »eine Drogensüchtige« hielt, obwohl sie nur ein mildes Beruhigungsmittel genommen hatte. Das Paar hatte seine Hände um sie herumbewegt, sie war sehr verschreckt worden und war hastig nach Hause zurückgekehrt. Sie begann Halluzinationen zu haben, bildete sich ein, den Heiler »in ihrem Haus und Garten« zu haben und seine Stimme am Telefon zu hören. Schlaflos und gestört war sie in das Krankenhaus aufgenommen worden.

Es erschien möglich, daß die Ursache ihrer Beschwerden eine okkulte Kraft sei, daher entschieden wir uns, für sie während ihres halluzinierenden Zustandes zu beten. Wir beteten sehr einfach zu Gott im Namen Jesu Christi um Führung und Schutz, sprachen das Vaterunser und befahlen jedem Bösen, die Frau friedlich zu verlassen. Weitere Behandlung war nicht notwendig. Die Patientin war von diesem Augenblick an geheilt und kehrte zwei Tage später zu ihrem Ehemann und ihrem Teenager-Sohn zurück. Fünf Jahre später hatte die Frau keine Erinnerung mehr an diese Angelegenheit.[3]

Vom Personal dieses Krankenhauses erfuhr ich, daß sich dort infolge der Aktivität eines dieser Spiritisten noch andere Patienten befanden. Ich besuchte ihn, und er bekannte, daß er noch andere Unglücksfälle verursacht hatte. Er entschied sich dafür, keine Leute mehr zu stören, sondern aus der Bibel – einem Buch, das er nie zu lesen gewagt hatte – das Leben Jesu Christi kennenzulernen.

Leute, die Befreiung vom Bösen Feind brauchen, handeln nicht selten gegen geweihte Gegenstände und gegen das Gebet. Dabei kann sie sogar stilles Gebet stören (was die Möglichkeit von Suggestion ausschließt), und ihr unberechenbares Benehmen kann einfach durch Beginn und Beendigung eines stillen Gebetes ein- und ausgeschaltet werden. Das kann bei Erstellung einer Diagnose beträchtlich helfen.

Ein Mädchen von achtzehn Jahren sah sich einen Film über den Teufel und das Okkulte an. Durch diese Wahrnehmungen ernstlich erschüttert, war sie sich klar, daß solche Erinnerungen gewöhnlich mit der Zeit verschwinden. In ihrem Fall jedoch wurde sie zunehmend durch Visionen des Teufels und Stimmen geplagt, die sie zur Selbstvernichtung aufforderten. Sie mußte aufhören zu arbeiten, begann Drogen zu nehmen und wurde nach und nach süchtig. Neun Monate später kam sie in meine Beratung und tadelte sich sofort, den Film angesehen zu haben. Es war klar, daß die Verabreichung von Beruhigungsmitteln nicht mehr genützt hätte als ein Umschlag auf ein gebrochenes Bein; daher schlug ich vor, gemeinsam zu beten. Das Mädchen stimmte bereitwillig zu. Sehr einfach betete ich im Namen Jesu Christi, daß diese böse Macht ihre Herrschaft über das Leben dieses Mädchens verlieren sollte. Von diesem Augenblick an hatte sie keine Visionen mehr, hörte keine Stimmen mehr und hörte mit der Einnahme von Drogen auf.

Der medizinische Betreuer einer Bibelakademie wies Brian an mich. Er war ein geschiedener Student, Ende der Zwanziger, und sein Verhalten störte das Leben an der Akademie. Er konnte nicht schlafen und war voll von unerklärlichen Schreckvorstellungen.

Brian sagte mir, daß seine Eltern während seiner ganzen Kindheit ständig gestritten hatten und schließlich geschieden worden waren, daß er das Haus so bald wie möglich verlassen hatte und zur britischen Luftwaffe gegangen war. Freunde, die er dort kennenlernte, machten ihn mit dem Ouija-Brett, der Zahlenmagie und mit Tarot-Karten[1] bekannt. Er begann, sich mit Astrologie zu beschäftigen, und nahm an Hexenfesten teil, war aber äußerst beunruhigt, als er nach Erlernen des »automatischen Schreibens«[4] bemerkte, daß er wiederholt und unkontrollierbar die Worte »deutscher Mord« («German murder») buchstabierte.

Bei Befragung eines weiblichen Mediums – das Familienfotos verwendete, um Botschaften von den Toten zu erhalten – wurde Brian gesagt, daß er einem im Krieg gefallenen Onkel sehr ähnlich sah. Die Frau war einmal eine eifrige Mitarbeiterin einer Freikirche gewesen, aber nach Entdeckung ihrer »Kräfte« genügte die bloße Erwähnung des Namens Jesu Christi, um sie an ihrer Verwendung als Medium zu hindern.

Brian entwickelte eine starke Sehnsucht nach einem persönlichen christlichen Glauben und hatte sich schließlich zur Ausbildung an der Akademie gemeldet. Jedoch konnte er seine früheren Tätigkeiten nicht vergessen und wurde zunehmend durch dieselben Worte geplagt.

Bei Aufstellung der Ahnentafel fanden wir, daß der vom Medium erwähnte Großonkel während des Krieges von einer deutschen Landmine getötet und niemals kirchlich beerdigt worden war. Wir hielten einen Gottesdienst für ihn und Brian bat um Vergebung für sein böses, okkultes Verhalten. Er erfuhr Vergebung und Befreiung und vollendete seine Ausbildung ohne Schwierigkeit.

Vergebung und Absage

Man kann okkult geschädigt sein, ohne sich direkt mit dem Okkulten befaßt zu haben. Eltern können durch ihre eigene okkulte Tätigkeit sogar ihre Kinder schädigen. John war vier Jahre alt und hatte mit zunehmender Häufigkeit epilepsieähnliche Attacken, während derer es drei Erwachsene brauchte, um ihn festzuhalten. Alle zerbrechlichen Gegenstände in seiner Wohnung mußten aus dem Wege geräumt werden, und er konnte wegen Gefahr einer Attacke nie alleingelassen werden. Als ich ihn besuchte, spielten wir mit seiner Eisenbahn und verbrachten miteinander eine nette, ganz ruhige Zeit. Schließlich gab ich es auf, von John etwas zu erfahren, und sprach mit seinem Vater.

Wir sperrten uns in seinem Arbeitszimmer ein, um eine Unterbrechung durch das Kind zu vermeiden, und ich betete still um einen Anhaltspunkt für die Situation. Ich war überrascht, unter den Büchern eine Menge spiritistischer Literatur zu sehen, und in Erstaunen versetzte mich der Mann durch die Äußerung, daß er mit »Strahlungen« (‚Radionics') experimentiert hatte und ein spiritistisches Medium während der vergangen fünfzehn Jahre sein »großer Freund« gewesen war. Sofort und ohne Überlegung sprach ich aus: »Wenn Sie Gott um Vergebung bitten und diese Bücher verbrennen, wird Ihr Sohn frei werden! Sie, ein methodistischer Seelsorger, brechen Gottes Gesetze.« Der Mann reagierte wütend und wies mich ohne weitere Diskussion aus dem Haus.

Bald darauf bekam John eine Attacke, die mit Unterbrechungen sechsunddreißig Stunden dauerte. Seine Eltern und die helfenden Freunde waren alle erschöpft, aber nicht das Kind.

In der Verzweiflung suchte der Vater bei einem benachbarten anglikanischen Vikar Hilfe. Sie gingen zusammen in die Pfarrkirche, und am Altar bat der Vater um Gottes Vergebung für den Schaden, den er durch seine Pfuscherei im Okkulten verursacht hatte. Nachher verbrannte er alle seine okkultistischen Bücher und fühlte sich gereinigt. John hatte seither niemals eine weitere »Attacke«. Sein Lehrer in der kleinen Sonderschule, die er besuchte, war sehr erstaunt über seine Veränderung. Jetzt ist er in einer normalen Schule und macht sich gut. Und sein Vater leitet regelmäßig Heilungsgottesdienste in seiner Kirche.

Es mag unbillig erscheinen, daß ein Kind unter den Wirkungen der okkulten Tätigkeit seines Vaters leiden sollte, aber der Böse fügt Leid und Not jedem zu, der, wenn auch unbewußt, ein solches Interesse geerbt haben mag. Gott verbietet uns, irgendwelche Götzen anzubeten. Er sagt: »Ich, der Herr, dein Gott, bin ein eifersüchtiger Gott: Bei denen, die mir Feind sind, verfolge ich die Schuld der Väter an den Söhnen, an der dritten und vierten Generation« (Exodus 20,5. EÜ).

So verlangen manche Seelsorger des Befreiungsdienstes, wie Rev. Pat Brooks[5] sogar, daß der »Besessene« einer Reihe von okkulten Übeltaten absagt, die seine Vorfahren begangen haben mögen. »Dann werden sie die Schuld eingestehen, die sie selbst und ihre Väter begangen haben...« (Lev. 26,40. EÜ). Brooks sagt: »Da ein wichtiger Teil einer erfolgreichen Seelsorge im Brechen der dämonischen Vererbung in der Geschlechterfolge besteht, wiederholen wir alle laut die ganze Liste der Übeltaten. Nach diesem Bekenntnis kommt die Absage: ‚Ich breche jetzt im Namen Jesu Christi alle psychische Vererbung und jeden dämonischen Einfluß auf meine Familie, die Ergebnisse des Ungehorsams irgendeines meiner Vorfahren.'«

Dieselbe Bedeutung mißt Dr. Kurt Koch[6, 7] der Absage an ererbte Bindung bei; den Gebundenen empfiehlt er folgende Beteuerung: »Im Namen Jesu Christi sage ich allen Werken des Teufels ebenso wie den okkulten Praktiken meiner Vorfahren ab und unterstelle mich Jesus Christus, meinem Herrn und Erlöser für jetzt und immer.« Dr. Koch verwendet diese Formel, weil er über zehntausend Fälle von okkulter Bindung behandelt und oft die Spuren ererbten Unheils durch mehrere Generationen verfolgt hat. Er schreibt: »In den Besprecherfamilien, deren Geschichte ich in drei und vier Generationen verfolgen konnte, ist die Folge von Tod im Irrenhaus, von Schwermut und Selbstmord und tödlichen Unglücksfällen ein stets wiederkehrendes und darum normales Bild... Die bei fast allen Besprechergenerationen zutagetretenden derartigen Symptome lassen mich stets hellhörig werden.«

Dr. Koch empfiehlt auch Befreiung durch die von mir angewendeten Schritte, nämlich Diagnose, Absage, Bekenntnis und Absolution von Sünden, Befehlsgebet und – wichtig – Aufbau des Lebens mit Hilfe einer liebenden Gemeinschaft durch Gottes Wort, Gebet und besonders die Eucharistie. Oft kürzt der Herr diesen Vorgang ab. Im Falle des schizophrenen Patienten des Dr. Mackarness wurde das Befreiungsgebet sofort gesprochen. Oft muß das Befreiungsgebet verschoben werden, bis der Betroffene um Vergebung bitten und seiner freiwilligen Befassung mit dem Okkulten absagen kann, wie im Falle von Johns Vater.

Gebet um Befreiung[8]

Anders als in Anwesenheit der Betroffenen kann Befreiung durch Gebet auf Entfernung geschehen. Solches Gebet ist besonders hilfreich, wenn die befreiungsbedürftige Person die Annahme der Hilfe verweigert oder nicht frei genug ist, um der okkulten Tätigkeit voll abzusagen, oder das Opfer einer unbeabsichtigten Beteiligung ist.

Eine vermögende, verheiratete Frau von Fünfundvierzig wurde von ihrem Psychiater zu mir gesandt. Sie war durch mehrere Jahre Alkoholikerin gewesen, aber sonderbarerweise war sie beim Aufenthalt in unserem Haus vollkommen normal und hatte sichtlich keine Neigung zum Trinken, während in ihrer eigenen Wohnung ihr ständiges Trinken das Leben ihrer Familie zerrüttete. Die Mutter der Frau war tief in Spiritismus verwickelt und war damit beschäftigt, spiritistischen Kontakt mit ihrem toten Ehemann herzustellen. Aus meiner Befragung dieser Frau entnahm ich: Ihr maßloses Trinken war verbunden damit, daß ihre Mutter sie verflucht hatte, weil sie sich weigerte, Rechtsdokumente zu unterzeichnen, ohne sie erst lesen zu können.

Eine Gruppe von uns entschied sich dafür, ohne Wissen der Familie jeden Donnerstag nachmittags Gebete, vor allem von Priestern in verschiedenen Teilen des Landes, zu veranlassen. Wir brachen den Fluch dieser alkoholsüchtigen Frau und legten den Schutz der Gnade und der Engel des Herrn um sie. Obwohl die Patientin nicht einmal von unserem Gebetskreis wußte, hörte sie an dem ersten Donnerstag ohne jede Ankündigung zu trinken auf, und wenige Wochen später feierten sie und ihre Familie ihr erstes alkoholfreies Weihnachtsfest seit Jahren. Ihr erfreuter Ehemann begann, regelmäßig die Kirche zu besuchen, und wurde schließlich Kirchenvorsteher. Selbst die stürmischen Ehen der beiden Söhne des Paares wurden während weniger Monate versöhnt.

Leben aufbauen

Wie wirksam auch das Befreiungsgebet ist, kann es doch später blockiert werden, wenn der Betroffene nicht die erreichte Freiheit dazu gebraucht, um Satan zum Weichen zu veranlassen und Christus um die Übernahme der Herrschaft zu bitten. Eine Dame, die in einer lesbischen Beziehung lebte, unterhielt sich damit, Leute, darunter auch mich, zum Gebet um ihre Befreiung einzuladen. Jedoch nachher setzte sie dieselbe Lebensweise fort und verwendete ihre Freiheit nicht dazu, die Verpflichtung auf den Herrn Jesus Christus zu wählen. Ich weigerte mich, sie weiter zu besuchen, und sagte ihr, ich käme nur wieder, wenn sie wirklich ihr Leben in Ordnung bringen wolle. Wenn nach einem Befreiungsgebet die Freiheit verwendet wird, um dem bösen Feind das Bleiben zu erlauben (durch Gewohnheiten der Sünde, Verbitterung oder fortgesetzte okkulte Beschäftigung), dann geht diese Freiheit gewöhnlich bald verloren.

Wenn umgekehrt der Betroffene in der neuen Freiheit Jesus Christus einlädt, das Zentrum seines Lebens zu werden, kann der böse Feind nicht bleiben. Weil es lebenswichtig ist, geistliche Hilfen aufzubauen, haben wir gelegentlich befreiungsbedürftige Personen in unser Haus aufgenommen, damit ihnen eine liebende christliche Gemeinschaft zugutekommt. Da sie von uns und dem Herrn geliebt werden, empfangen sie auch eine innere Heilung von vergangenen verletzenden Beziehungen oder Ereignissen. Wenn sie zum Beispiel durch ihren Vater verletzt worden waren, konnten sie in der Erfahrung Gottes als eines Vaters wachsen, so daß die Verletzung sie Gott näherbrachte, statt dem Bösen Feind.

Wenn eine Wunde nicht durch Psychotherapie und Gebet geheilt wird, wird sie eine offene Tür für die Rückkehr des Bösen Feindes. Zur Hilfe dazu, wie Menschen solche unterbewußte Türen vor jedem außer dem Herrn schließen sollen, lehren wir sie auch, wie sie mit einem klaren Denken auf die Gedanken achten sollen, die ihnen beim Aufwachen kommen. Auf diese Weise erfahren sie bald eine Führung von Gott. Je mehr sich ein Mensch auf eine vertrauensvolle Beziehung zu Jesus Christus einstellen kann, desto leichter ist es, diesen Menschen für immer von der Herrschaft des bösen Feindes zu befreien. Es würde weniger Scham wegen der Bitte um Befreiungsgebet entstehen, wenn die Leute verstünden, daß Befreiung mehr deswegen geschieht, weil sie wahrhaft bereuen und voll von Jesu Kraft und Vergebung sind, sodaß das Böse nicht bleiben kann, als daß sie voll des Bösen sind.

Zwanzig Jahre lang hatten Ärzte die Behandlung eines einundvierzig Jahre alten Ingenieurs versucht, der an Magenschmerzen und -druck litt. Zusätzlich hatte er sich vor kurzem über ein »enges Band« um seinen Kopf beklagt, war zunehmend depressiv geworden und war unfähig zu arbeiten. Untersuchungen durch Spezialisten des Krankenhauses hatten sich sämtlich als ergebnislos erwiesen, und er sprach auf keinerlei Behandlung an. Er konnte nicht schlafen und sein Appetit verschlechterte sich trotz erhöhter Dosierung der Medikamente, und schließlich überlegte er einen Selbstmord. Dann wurde er an mich überwiesen.

Anscheinend litt er an einer selbstinduzierten Depression mit dem typischen Phänomen des frühmorgendlichen Aufwachens.

Er erinnerte sich an seine Träume, und diese enthielten hauptsächlich erregende Unterredungen mit toten Freunden. Ich befragte ihn sorgfältig über seinen Glauben und seine religiöse Haltung. Er und seine Familie waren ursprünglich Anglikaner gewesen, aber in den letzten Jahren hatte er eine Frau kennengelernt, die sich als Psychologin anpries. Tatsächlich war sie eine Kristall-Seherin[9], und der Mann und seine Familie verließen sich mehr und mehr auf ihren Rat.

Nach leichten Änderungen in seiner Medikation und zusätzlich einer längeren Vitaminverabreichung schlug ich ihm den gedanken eines besonderen Gebetes vor.[10] Dabei legte ich besonderen Wert auf das Niederschreiben aller Gedanken, die während einer frühmorgendlichen Zeit privater Betrachtungen kamen. Zehn Tage später brachte er mir eine Liste dieser Gedanken, die alle höchst erheblich und praktisch waren. Ein Gedanke war, daß sein Kopfweh weithin einem Mangel an frischer Luft und Bewegung zuzuschreiben war; ein anderer, daß er während der Woche zur Eucharistiefeier gehen und sich an seiner örtlichen Kirchengemeinde beteiligen sollte. Er bemerkte auch, er solle sich vor dem Bösen hüten, das ihn durch den Umgang mit der Kristall-Seherin beherrschte, und daß er seine eigene Absage und Befreiung vollziehen sollte.

Das tat er, indem er einfach die Bibel hielt und mit fester Stimme sagte: »Satan, geh fort!« Die Änderung in ihm war bezeichnend und rasch. Er wurde ruhig und gelöst und begann normal zu schlafen. Seine Energie kehrte zurück und heute, vier Jahre später, hat er sich einen internationalen Ruf in seinem besonderen technischen Fach erworben.

Obwohl seine Frau über die Wiederherstellung ihres Mannes erfreut war, war sie mit seinem neuen Denken über Jesus Christus nicht ganz einverstanden. Sie war als die »Säule des Haushalts« angesehen worden und »hatte immer recht«. Auf eigene Initiative ging sie wieder die Kristall-Seherin befragen. Als sie nach Hause kam, war sie desorientiert, lärmend, quälend, mit paranoiden Ideen und versuchte, ihre Nachbarn zu belästigen.

Ihr behandelnder Arzt wurde gerufen und ließ sie sofort in

das Krankenhaus aufnehmen. Während wir alle in demselben Raum warteten, beteten ihr Mann und ich für sie um Befreiung, aber sie schien davon keinen Vorteil zu haben.

Als sie am nächsten Morgen im Spital aufwachte, fühlte sie sich wohl und handelte ganz normal. Nach einer Reihe von Tagen wurde sie nach Hause entlassen und hat keine Störung mehr gehabt; niemand in der Familie hat die Kristall-Seherin wieder befragt.

Dieser Ehemann hat seine persönliche Befreiung durch sein eigenes Handeln erreicht, aber für ernstere Fälle von dauernder Beherrschung ist die Fürsorge einer christlichen Gemeinschaft wesentlich, damit der Befreite neue Gewohnheiten bilden kann.

Ein ungewöhnliches, extremes Beispiel dafür geschah an einer Dame Mitte der Sechziger, die aus Australien kam. Durch fünfzig Jahre hatte sie ständig »Stimmen« gehört, mit denen sie sich unterhielt, die sie beim Namen rief, und in allen diesen Jahren hatte ihr keine medizinische Behandlung geholfen. Häufig waren die Ratschläge dieser Stimmen unheilvoll, aber sie konnte ihrem Einfluß nicht entkommen. Sie nannten sich »die drei Bestien« und hatten die Herrschaft übernommen, als die Frau, eine Nichtchristin im Alter von sechzehn Jahren, wegen einer Blinddarmoperation anästhesiert worden war. Da im Gebet einer Gruppe mehr Kraft und Unterscheidung liegt, kamen vier von uns zum Gebet um ihre Befreiung und Freiheit zusammen. Wir schienen Erfolg zu haben, denn die »Stimmen«, die sie durch fünfzig Jahre geplagt hatten, hörten auf.

Jedoch entdeckte sie an demselben Abend zu ihrer Bestürzung, daß sie keinen eigenen Willen hatte, nachdem sie so lange total beherrscht gewesen war. Sie wußte nicht, wie sie eine Gabel gebrauchen, ja nicht einmal, wie sie sich waschen sollte. Schon nach neun Monaten geduldiger Übung in der Bildung neuer Gewohnheiten und im Aufbau des Vertrauens war sie fähig, allein nach Australien zurückzufliegen.

Gewöhnlich kann ich meinen Patienten keine so intensive Nachbehandlung bieten, daher bitte ich oft Menschen, die Befreiungsgebete suchen, um die Begleitung durch einen Freund, der im Bedarfsfall eine solche Nachbehandlung fortsetzt. Zur Befreiung genügt nicht eine einmalige Kuranwendung, aber sie bringt eine neue Freiheit, andere Wege zu wählen, mit sich. Die Krücke »Der Teufel ließ mich das tun« muß weggelassen und durch Einsicht und Verständnis dafür ersetzt werden, was einen Menschen hindert, neue Wege frei zu wählen. Eingewurzelte schlechte Gewohnheiten müssen bekämpft und überwunden werden, während man neue, gute Gewohnheiten annimmt. Es ist leichter, böse Geister durch Befreiung zu entfernen, als sich von ihnen durch ein gut ausgewogenes Leben im Gebet fernzuhalten und durch Teilnahme an der Eucharistie den Einfluß Christi wachsen zu lassen.

Es ist äußerst wichtig, eine Befreiung mit der Einstellung auf die Kraft Jesu Christi nachzubehandeln, damit die Anwesenheit von Dämonen aufgegeben werden kann. Sehr oft folgt der Befreiung eine Periode der Versuchungen, womit der Böse den befreiten Menschen an seiner oder ihrer neuen Freiheit zweifeln lassen und dadurch zurückkehren will. Der befreite Mensch mag mitten in der Nacht aufwachen und neuerlich die Gegenwart des Bösen fühlen, oder denselben bösen Zwang erfahren und glauben, das sei dämonisch. Er muß lernen, das als bloße schlechte Gewohnheiten anzusehen, die er jetzt mit der Hilfe fortgesetzter christlicher Lebenszucht frei ändern kann.

Wenn diese Zeiten der Versuchung kommen, muß sich der Mensch auf die Kraft Jesu Christi besinnen und sie ruhig geltend machen, im Bewußtsein, daß der Böse keine Rechte mehr hat, außer wenn Zweifel oder wiederholte Sünde ihn wieder einladen. »Wenn euch der Sohn befreit, dann seid ihr wirklich frei« (Joh. 8,36. EÜ). Wenn mich ein Patient nach der Befreiung wegen einer wiederkehrenden Attacke um Rat fragt, empfehle ich gewöhnlich, daß er das Vaterunser betet und sich den Vater vorstellt, wie er seine Engel zu seinem Schutz sendet. Wenn das mit Überzeugung getan wird, ist gewöhnlich nichts Weiteres notwendig, besonders wenn sich der Patient aus einer schlechten Umgebung entfernt, in eine liebende christliche Gemeinschaft begibt und fortdauernd Jesu schützendes Leben empfängt, das ihm in der Eucharistie versprochen wird. Wenn die Attacken fortdauern, muß ich entdecken, warum der Patient nicht den Bösen zum Fortgehen veranlassen kann, und versuche, weitere innere Heilung von den Verletzungen zu erreichen, die die Entwicklung einer vollen Beziehung zu Jesus verhindern.

Ruth war eine intelligente Frau, freilich sehr mager und ängstlich. Sie kam zu mir mit ihrem Ehemann wegen ihrer häufigen, heftigen Zornesausbrüche, die bei ihr von akutem Schmerz begleitet waren. Zwischen 1946 und 1972 hatte sie sich zahlreichen Spitalsuntersuchungen und einigen Operationen zu Untersuchungszwecken unterzogen. Nichts hatte ihr geholfen.

Bei routinemäßiger physischer Untersuchung konnte ich nur eine Abnormität finden: Ihre rechte Niere schien sich im Bauch herumzubewegen. Als ich das nachher dem Ehepaar erwähnte, wurde Ruths Ehemann richtig zornig. Er bestand darauf, daß medizinisch alles Mögliche getan worden sei, und daß sie mich als Psychiater konsultiert hätten, ich sollte daher bitte bei meinem Geschäft bleiben! Ohne weitere Aussprache nahm er seine Frau am Arm und stürzte aus dem Haus.

Erstaunt über dieses außergewöhnliche Benehmen, war ich fast ebenso überrascht, als Ruth wenige Monate später alleine zu mir kam. Sie hatte keinen Fortschritt gemacht. Ich wies sie an die Röntgenabteilung des örtlichen Krankenhauses zur Untersuchung wegen der anscheinenden Beweglichkeit der Niere, aber weder das Krankenhaus, noch Ruth selbst schienen von einer Wanderniere gehört zu haben. In der Verzweiflung suchte ich die Hilfe eines privaten Radiologen, der die nötigen Untersuchungen vornahm. Das Röntgen bestätigte den Verdacht, daß sich die Niere zwischen der stehenden und der liegenden Lage etwa 6 cm bewegte, eine klare Indikation für die Notwendigkeit einer Operation.

Zwei Chirurgen verweigerten die Vornahme und der dritte erklärte sich zögernd erst bereit, als ich ihm anbot, ihm zu assistieren; ich hatte ja selbst einige Jahre vorher drei ähnliche Operationen vorgenommen. Ruths Operation stellte klar, daß sich tatsächlich ihre Niere vertikal und seitlich bewegen konnte, aber einfaches Nähen sicherte sie in der richtigen Lage. Ich nahm an, daß nach erfolgreicher Behandlung ihres physischen Leidens das Problem ihrer heftigen Temperamentausbrüche noch der Behandlung bedürfe, aber vom Tage der Operation an kam es zu keiner weiteren Temperamentsentfaltung und nach sechsundzwanzig Jahren der Auffälligkeit wurde Ruth eine normale, beherrschte Frau. Sie hatte kein Befreiungsgebet, keine Reue gebraucht, wohl aber eine unkomplizierte Nierenoperation!

Weil es für die befreite Person lebenswichtig ist, in ihre Leere das Leben Christi aufzunehmen, ziehe ich es jetzt vor, die Befreiung, wenn irgend möglich, durch die Eucharistie vorzunehmen.[11] Wenn durch diese ein Mensch seine neue Freiheit erfährt, statt durch private Befreiungsgebete, wird er wahrscheinlich den regelmäßigen Empfang der Eucharistie fortsetzen und wird sich mehr auf die Beziehung zu Jesus konzentrieren als auf jene zu mir. Da die bösen Geister diese Macht fürchten, trachten sie oft, einen befreiten Menschen vom Empfang der Eucharistie abzuhalten. (Tatsächlich gestehen Hexen ein, daß ihr Hauptfeind die vergebende Macht der Eucharistie ist, daher ist ihre äußerste Schändung eine schwarze Messe.)

Die Eucharistie kann selbst die schwierigsten Fälle befreien, diejenigen, die am tiefsten in das Okkulte verstrickt sind. Freunde brachten ein neunzehnjähriges Mädchen zu mir, das an Halluzinationen litt. Sie war bekannt wegen ihrer Vorführungen schwarzer Künste, die sie von ihrer Großmutter vor deren Tod gelernt hatte. Das Mädchen wurde von der Notwendigkeit überzeugt, ihre okkulten Bücher zu verbrennen, und dann nahm sie zu ihrer eigenen Reinigung an einer evangelikalen Feier des Herrenmahles teil. In demselben Gottesdienst wurde ihre Großmutter neuerlich dem Herrn übergeben. Am nächsten Morgen war das Mädchen frei von allen Halluzinationen und sehr glücklich.

Am folgenden Sonntag stand sie in der Kirche auf und erzählte der ganzen Gemeinde von ihrer neugefundenen Freiheit. Ob der Gottesdienst Eucharistie von der Auferstehung, Eucharistie für die Verstorbenen, Abendmahl, Brotbrechen, Kommunion, Requiem oder Seelenmesse genannt wird, macht nichts aus. Die überwältigende Wirkung der dabei entwickelten Kraft ist allumfassend.

Bei einem eucharistischen Befreiungsgottesdienst kann ich jedes beliebige Verhalten (Angst, Ermüdung, Depression usw.) binden, das einen Menschen von der vollen Teilnahme an der Eucharistie abhalten kann; aber es hat Fälle gegeben, in denen nur eine gewöhnliche, einfache Eucharistiefeier notwendig war, um die vom Bösen Feind beherrschten Menschen zu befreien.

Nancy, ein Teenager in Hampshire, litt an Agoraphobie (Platzangst). Der bloße Gedanke, irgendwohin auszugehen, konnte sie krank machen. So entwickelte sie Magenverstimmungen und war unfähig, zur Schule zu gehen. Nancys erschreckende Abnormalität war es jedoch, daß sie ständig ihren toten Großvater im Oberstock ihres Hauses herumgehen, aus dem Fenster winken oder ihr von seiner Fotografie an der Wand zublinzeln sah. Ihre Großmutter und die beiden Tanten, mit denen sie zusammenlebte, behaupteten, daß sie ihn ebenfalls sahen. Eine der Tanten sagte mir, daß Nancy wie in Trance sitzen und rasch gerade Linien über ein Blatt Papier ziehen konnte. Bei Überprüfung mit einem Vergrößerungsglas wurden die Linien als Wörter erkannt. Es waren »Unterredungen«, die Nancy mit ihrem Großvater führte.

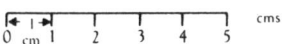

Ein zu Rate gezogener Exorzist berichtete, daß dies automatisches Schreiben war, und Nancy unter dem Einfluß des Teufels, unter Besessenheit stand. Der Vikar des Ortes wurde gebeten, in Nancys Wohnung einen eucharistischen Gottesdienst zu feiern. Ich erwartete, daß er ein Gebet der Befreiung für Nancy und des neuerlichen Segens für ihren Großvater sprechen werde. Er feierte gehörig die Eucharistie, unterließ es aber, vor oder in dem Gottesdienst für die beiden konkreten Anliegen zu beten.

Ich war ziemlich ärgerlich, aber die Eucharistie allein war ausreichend, um den lästigen Vorfahren für immer zu vertreiben. Er erschien Nancy nie wieder und ihre geschriebenen »Unterredungen« hörten auf. Die Agoraphobie (Platzangst) des Mädchens war sofort überwunden, und sie veränderte sich so sehr, daß sich die beiden Tanten zu Christus bekehrten.

Der Herr benützt sichtlich unsere Unsicherheit und Fehler, und schon unsere guten Absichten, um Leute zu befreien; er verlangt mehr, daß wir ihm vertrauen, als daß er auf dem perfekten Vollzug eines Ritus besteht. Ich kümmerte mich zu sehr darum, ob wir für einen Vorfahren, nämlich den Großvater, oder für allgemeine Freiheit von bösen Geistern durch Befreiungsgebet in Befehlsform beteten. Wenn Vorfahren anwesend waren, dachte ich, sie verursachten das Leiden, um die Aufmerksamkeit der Lebenden zu erregen und so ihre Befreiung zu erreichen.

Manchmal jedoch scheint es mir bei Begegnung mit dem bösen Feinde möglich, daß das Leiden des Lebenden tatsächlich das Werk des Teufels ist. Der böse Feind kann versuchen, uns mit physischen und geistigen Krankheiten zu quälen, die uns emotionell auf uns selbst konzentrieren lassen, so daß wir vergessen, etwas zur Hilfe für die Toten zu unternehmen. Böse Symptome und ihre unvermeidliche Frucht der Verzweiflung mit Selbstmordneigung tragen die Merkmale des bösen Feindes und seines Kampfes mit denen an sich, die ein Gefühl für die nicht kirchlich beerdigten Toten haben. Vielleicht ist das ein Akt des großen Dramas, das in der Bibel beschrieben wird:

»Denn wir haben nicht mit Menschen aus Fleisch und Blut zu kämpfen, sondern gegen die Beherrscher dieser finsteren Welt, gegen die bösen Geister des himmlischen Bereichs« (Eph. 6,12. EÜ[12]).

Sobald wir mehr vom Geheimnis des kollektiven Unbewußten mit seinem Reich der Archetypen und Geister lernen, werden wir genau verstehen, wer die Lebenden verletzt. Bis dahin müssen wir weiter beten, daß sowohl die Toten als die Lebenden von Jesu Liebe erfüllt werden, und durch die Eucharistie können wir alles zerstören, was bösen Geistern die Türe öffnet. Im Falle von Nancy konnten böse Geister durch das automatische Schreiben von Briefen an ihren toten Großvater die Herrschaft übernehmen, bis Jesus bei der Eucharistiefeier die Einsamkeit Nancys und ihres Großvaters erfüllte, sodaß die bösen Geister zu weichen hatten, sogar ohne einen Befehl. Der böse Feind kann nicht in einer Beziehung bleiben, die von Jesus Christus erfüllt wird.

8. DER WEG ZUM HERRN DURCH GEBET

Mein Gott ist ein Gott der Liebe. Jesus Christus hat das Recht erworben und mir zur freien Benützung geschenkt, jeden lebenden oder toten Menschen, jede Lage und jeden Umstand, den ich dazu wähle, im Gebet vor ihn zu bringen. Mein Glaube versichert mir, und meine Erfahrung überzeugt mich, daß seine Heilung wirksam sein kann über alles hinaus, »was ich erbitten oder ersehnen kann«. Ich verstehe nicht und kann nicht verstehen, wie das geschieht, aber das ändert nichts an der Tatsache, daß es geschieht. Unser christlicher Dienst beruht nicht auf unserer Erklärung des Geschehens, sondern auf evidenten Heilungsergebnissen.[1]

In einem Stadium meines christlichen Lebens meinte ich, wir könnten nicht für die Toten beten, da das Gericht unmittelbar nach dem Tod käme. »Wie es dem Menschen bestimmt ist, ein einziges Mal zu sterben, worauf dann das Gericht folgt, so wurde auch Christus ein einziges Mal geopfert, um die Sünden vieler hinwegzunehmen; beim zweiten Mal wird er nicht wegen der Sünde erscheinen...« (Hebr. 9,27f. EÜ). Diese Worte sprechen nicht aus, wann sich das Gericht ereignen wird: es könnte aufgefaßt werden als Ereignis beim zweiten Kommen Christi.[2] Das Alte Testament verbietet, die Toten zu befragen und sich von ihnen führen zu lassen wie im Spiritismus (Deut. 18,11), aber es verbietet nicht, für die Toten zu beten. Das Neue Testament schweigt weithin über diese Frage, wie auch über die ersten dreißig Jahre des Lebens Jesu oder darüber, wie die irdischen Eltern Jesu, Josef und Maria bestattet und betrauert wurden. Johannes (21,25) schließt damit, daß es noch viele Teile des Lebens Jesu gibt, die nicht aufgezeichnet wurden.

Unser liebender Gott wünscht so sehr, uns zu retten, daß er seinen Sohn sandte, um zur Sühne für unsere Sünden zu sterben, und er sagt uns, daß nicht einmal der Tod uns von seiner Liebe trennen kann (Römer 8,38f.). Selbst wenn wir uns von ihm abwenden, dauert seine Liebe und Barmherzigkeit zu uns ewig (1. Kor. 13). Wir können einander helfen, weil wir alle durch die Taufe Glieder des Leibes Christi sind. Unsere Taufe ist so mächtig, daß sie Unterschiede zwischen Juden und Griechen, Mann und Frau, Diener und Herr wegwischt, bis wir alle vor Christus gleich sind. Die ersten Christen begriffen, daß diese Einheit über den Tod hinaus dauert und die Lebenden und die Toten zur »Gemeinschaft der Heiligen« verbindet. Da die Lebenden ebenso wie die Toten Glieder des Leibes Christi sind (1. Kor. 15,29), können wir Christus bitten, den Toten zum Empfang seiner Liebe und Vergebung zu helfen, wie er sie durch die Eucharistie anbietet.

Genauso ist es ein Mysterium, wie Jesus die Toten berührt, die wir zu ihm bringen; und dieses Mysterium werden wir erst verstehen, wenn wir bei ihm im Himmel sind. Wir wissen: sobald wir für die Toten beten und sie ihr Leben Jesus Christus und der Befolgung seines Willens übergeben, werden Menschen geheilt. Wir haben zu wählen zwischen der Haltung der Pharisäer, die zweifelten, bis sie alles logisch erklären konnten, und dem Gehen im Glauben wie der Blinde, der zwar nicht voll verstand, aber trotzdem bekräftigte: »Eines weiß ich, daß ich blind war und jetzt sehen kann.« (Joh. 9,25 EÜ). Es gibt eine lange christliche Überlieferung des Gebetes für die Toten. Die Wichtigkeit, die Toten zu lieben und ihnen durch Gebet zu vergeben, wird von vielen Kirchenvätern[3] wie Tertullian, Origenes, Ephrem, Cyprian, Ambrosius, Augustinus, Basilius, Gregor von Nyssa, Gregor von Nazianz, Gregor dem Großen und Martin Luther gelehrt. Die Betonung, die sie auf die Bitte für die Toten um Vergebung und Auferstehung legen, spiegelt die Haltung der Juden aus dem 2. Jhd. v. Chr. wider, die Judas Makkabäus wegen des Gebetes für seine toten Krieger priesen, »von Sünde befreit zu werden« mit »dem Blick auf die Auferstehung der Toten«.

»Er (Judas Makkabäus) veranstaltete eine Sammlung, an der sich alle beteiligten, und schickte etwa zweitausend Silberdrachmen nach Jerusalem, damit man dort ein Sündopfer darbringe. Damit handelte er sehr schön und edel; denn er dachte an die Auferstehung. Hätte er nicht erwartet, daß die Gefallenen auferstehen werden, wäre es nämlich überflüssig und sinnlos gewesen, für die Toten zu beten. Auch hielt er sich den herrlichen Lohn vor Augen, der für die hinterlegt ist, die in Frömmigkeit sterben. Ein heiliger und frommer Gedanke! Darum ließ er die Toten entsühnen, damit sie von der Sünde befreit werden.« (2. Makk. 12,42–46 EÜ).

Die Bereitschaft zum Gebet für die sündhaften Krieger, eine großzügige Sammlung von Geschenken des ganzen Heeres und die Erwartung, daß die Priester in Jerusalem diese Sammlung annehmen würden, zeigen, daß dies keine Neuerung, sondern ein anerkannter Teil des jüdischen religiösen Lebens dieser Zeit war.

Die Bibelübersetzungen, die dem hebräischen Text statt der griechischen Übersetzung des Alten Testamentes (Septuaginta) folgen, enthalten nicht alle diese Stelle über Judas Makkabäus. Jedoch sprach die frühe Kirche des hl. Paulus griechisch und glaubte, daß die Septuaginta einschließlich dieser Stelle das Wort Gottes war. Die korinthische Kirche des hl. Paulus folgte einer geheimnisvollen Praxis, die Gebete der Taufe zur Hilfe für die Toten zu verwenden (1. Kor. 15,29), was Paulus nicht als Irrlehre verurteilt, selbst in diesem Brief, in dem er bereit ist, so vieles zu verurteilen. Er erwähnt die Praxis der korinthischen Kirche, die Toten durch Gebet in das Licht Christi zu führen, fast beiläufig und gibt ihr so eine stillschweigende Billigung. Der hl. Paulus (oder wer sonst 2. Tim. 1,18 geschrieben hat) betet sogar für den toten Onesiphorus darum, daß er Gnade finden möge.

Einer der klarsten Hinweise darauf, daß das Gebet für die Toten von Gott angenommen wird, kommt von Daniel, der um Gottes Vergebung für gegenwärtige Sünden und für die Sünden seiner Vorfahren bat:

»...Ich ... betete, bekannte meine Sünden und die Sünden meines Volkes Israel...« (Dan. 9,20). Dem Herrn gefiel Daniels Gebet so sehr, daß er Gabriel mit einer Antwort der Vergebung für die zugegebenen, gegenwärtigen und vergangenen Sünden sandte: »Siebzig Wochen sind für dein Volk und deine heilige Stadt bestimmt, bis der Frevel beendet ist, bis die Sünde versiegelt und die Schuld gesühnt ist....« (Dan. 9,24 EÜ).

In derselben Überlieferung wie Daniel betet auch Baruch, daß Jahwe vergeben und »nicht an die schlechten Taten unserer Väter denken« möge (Baruch 3,1–8). So bestand im Alten Testament ein besonderes Bewußtsein, daß wir im Gebet Gottes Vergebung für die Toten erbitten und empfangen können. Die scheinbare Ungerechtigkeit, daß »die Sünden der Väter« bis in die dritte und vierte Generation bestraft werden, wird uns durch das Verständnis annehmbar, daß Gott die Lebenden ermahnt, ihren sündigen Vätern durch Gebet und durch die Bitte um Vergebung für sie zu helfen.

Das Neue Testament, geschrieben von Urchristen, war die Grundlage der Lehre für die, die den Aposteln folgten. Wie wir wissen, beteten die, die den Ereignissen des Neuen Testamentes am nächsten waren, für ihre Toten. Während der Verfolgung versteckten sie sich in den Katakomben, wo sie ihre Toten begruben und auf ihren Grabplatten die Bitten um Gebet einmeißelten. Zum Beispiel erklärte ein Ehemann auf dem Grabstein einer Katakombe (jetzt im Lateran-Museum in Rom), daß er die Inschrift für seine geliebte Frau Lucifera setzte, »damit alle Brüder, die sie lesen, für sie beten mögen, damit sie zu Gott komme«.

Andere Inschriften aus dem 2. oder 3. Jahrhundert bitten um Erquickung oder Frieden oder um Zulassung unter die Heiligen. Ein Fachmann[4] beschreibt, wie sich die begleitenden Bilder auf dasselbe Thema beziehen: »Die Gläubigen beteten für die Toten und flehten Gott an, ihre Seelen zu beschützen, wie er Daniel in der Löwengrube beschützte, die drei Jünglinge im Feuerofen, Noah in der Arche und Susanne gegen die beiden Ältesten. Mit derselben Absicht, und um die Besucher dieser unterirdischen Friedhöfe zum Beten für die Toten einzuladen, wurden diese biblischen Gestalten nahe den Gräbern gemalt: Daniel und Noah im Hypogeum der Flavier schon im ersten Jahrhundert, und alle vier zusammen am Beginn des zweiten Jahrhundertes in der Capella Graeca.«

So waren sich Christen »schon im ersten Jahrhundert« bewußt, daß es ihnen oblag, nicht ihre Toten zu verlassen, sondern ihnen fortgesetzt auf ihrem Weg zu Gott zu helfen. Sie feierten die Eucharistie auf den Gräbern ihrer Märtyrer und beteten an Jahrestagen für die »geringeren Toten«, die um sie herum begraben waren. Im Osten betrachteten Johannes Chrysostomus[5] und im Westen Cyprian (245 n. Chr.) die Praxis als von der Lehre der Apostel ausgehend.

Jungmann[6] geht der Entwicklung dieser Gedächtnis-Eucharistiefeier nach und behauptet, daß ihre Wurzeln so alt sind wie die vorchristlichen Gedächtnismäler und Opfer an Grabstätten. In früher Zeit wurde die Eucharistie, wie in den apogryphen Acta S. Ioannis (170 n. Chr.)[7] berichtet, oft am dritten Tag oder ein Jahr nach dem Begräbnis gefeiert, wie es bei der Meßfeier zum Gedächtnis des Jahrestages für Polykarp in Smyrna (155 n. Chr.) der Fall war. Um das dritte Jahrhundert war es üblich, für die Toten an ihrem Gedächtnistag zu beten.

Tertullian[8] schreibt: »Die gläubige Frau sollte für die Seele ihres abgeschiedenen Ehemannes beten, besonders am Jahrestag seines Hinscheidens. Und wenn sie das unterläßt, hat sie ihren Ehemann verlassen, soweit es an ihr liegt.« Tertullian rät einem Witwer, nicht wieder zu heiraten, weil er sonst in die peinliche Lage käme, noch für seine erste Frau zu beten.

Solche Gebete waren nicht nur eine private, individuelle Übung. Im Jahre 337 n. Chr. starb Kaiser Konstantin und seine Leiche wurde vor den Altar gestellt, während Priester und Volk für seine Seele beteten[9]. Auch um das vierte Jahrhundert wurden Eucharistiefeiern zum Gedächtnis gehalten, besonders am dritten, siebenten, neunten, dreißigsten und vierzigsten Tag nach dem Tode eines Menschen; 200 Jahre später feierten Priester die Eucharistie für die Toten nicht immer am dritten Tag, sondern an mehreren aufeinanderfolgenden Tagen, in einer Zeitspanne von drei bis vierzig Tagen. Unglücklicherweise entartete dieser heilige Ritus im Mittelalter zu einem magischen Hokuspokus, der unfehlbare Ergebnisse von einer festgelegten Zahl eilig gesprochener Messen versprach. Die Reformatoren verwarfen diesen Mißbrauch mit Recht, aber bei der Verwerfung des »Magischen« verwarfen sie eine tief christliche Überlieferung.

Jungmann[10] zeichnet die Geschichte der eucharistischen Texte, die die urchristliche Sorge um das Gebet für die Toten widerspiegeln. Der Kanon des Hippolytus (33:1.169) erwähnt besonders das Gebet für die Toten, wahrscheinlich mit dem Gedanken an eine Praxis des dritten Jahrhundertes. Die Apostolische Constitution[11] enthält das Formular: »Beten wir für unsere Brüder, die in Christus ruhen: daß Gott, der in seiner Liebe zum Menschen die Liebe des Verstorbenen empfangen hat, ihm jeden Fehler vergeben und ihn in Milde und Güte in den Schoß Abrahams aufnehmen möge mit denen, die in diesem Leben Gott gefallen haben.« Im fünften Jahrhundert erwähnten Christen die Toten im Kyrie (Herr, erbarme Dich) besonders an Wochentagen. So enthält das früheste, in irischen Klöstern verwendete tägliche Missale von Bobbio (700 n. Chr.) ein besonderes Gebet für die Toten. Dies setzt sich im Römischen Ritual fort. Im späten achten Jahrhundert las der Kanonikus während des eucharistischen Gebetes aus Diptychen (das sind klappbare Schreibtafeln mit zwei Blättern) die Namen verstorbener weltlicher und kirchlicher Vornehmer, so daß jeder für sie beten konnte.

Eine feste Überlieferung des Gebetes für die Toten besteht auch außerhalb des Römischen Ritus. Johannes Chrysostomos[12] legte dar: »Wenn jenes ehrfurchtgebietende Opfer offen auf dem Altar liegt, wie sollen wir dann nicht mit Gott obsiegen durch unser Flehen für die Toten?« Ägyptens älteste Gebetssammlung, die des Serapion[13], kennt ein Gebet für die Abgeschiedenen: »Heilige alle, die im Herrn gestorben sind, zähle sie zu deinen heiligen Scharen und gib ihnen Frieden und Wohnung in Deinem Reich.« So haben die östlichen und westlichen Christen durch Jahrhunderte für ihre Toten gebetet und tun dies weiter.

Die frühen Christen im Osten und Westen legten großen Wert auf die Berichte der Heiligen, die den Toten durch ihre Gebete zu Hilfe kamen.[14] Ein solcher Bericht erzählt, wie der hl. Perpetua (gestorben 203 n. Chr.) ihr toter Bruder Denokrates in einer Vision erschien. Er schien verwundet zu sein und unfähig, aus einer Quelle zu trinken; daraus entnahm die hl. Perpetua, daß er ihr Gebet brauchte. Sie betete täglich für seine Aufnahme in den Himmel und wurde durch eine zweite Vision von ihm belohnt: Er war geheilt, glücklich und fähig, aus der ewigen Quelle zu trinken.

Diese Überlieferung von den Heiligen, die den Toten zu Hilfe kommen, setzt sich heute in der römisch-katholischen Kirche fort, die ihnen besonders den Monat November widmet. Am 2. November feiert sie den Allerseelentag durch Eucharistiefeier und Gebete für sie. Heilige wie Therese von Avila, Katharina von Bologna und der Pfarrer von Ars wurden verehrt wegen ihrer Hingabe im Gebet für die Seelen im Fegefeuer (Purgatorium, Zustand der Reinigung), und das Konzil von Vienna 1858[15] bekräftigte den Glauben, daß die Seelen im Fegefeuer für die Lebenden fürbitten können. Der Pfarrer von Ars sprach aus: »Wir müssen für sie beten, daß sie für uns beten mögen.«

Auch die Kirche von England feiert den Allerseelentag. Wie es auch ein anglikanischer Priester einfach aussprach: »Durch Jahrhunderte haben die Menschen Begräbnisse zelebriert, gewöhnlich einige Tage nach dem Tode. Wenn wir für einen Menschen drei Tage nach seinem Tode beten können, können wir dann nicht sicherlich auch weiterhin für ihn beten?« Ein mir bekannter irischer Baptistenseelsorger wandte sich entschieden gegen diese Theorie. Jedoch teilte er uns schließlich die Tatsache mit, daß er bei seiner Geburt ein Zwilling war, das andere Baby ein mazerierter (d. h. zersetzter) männlicher Fötus war und einfach weggeworfen wurde. »Vielleicht habe ich ihn getötet«, sagte er. »Wir müssen heute abend für ihn beten.«

Ein anglikanischer Vikar schrieb mir: »Ich hatte große Vorbehalte gegen Ihre Ideen vom Beten für die Toten, aber kürzlich habe ich einige Stellen entdeckt, besonders im Hebräer-, im Epheserbrief und im Johannesevangelium, die uns sagen, daß es viele Gebiete im Himmel gibt.« »Im Haus meines Vaters gibt es viele Wohnungen.« (Joh. 14,2. EÜ). Es scheint, daß es ein Gebiet gibt, in dem viele Leute anscheinend ihren Übergang zum Herrn bewirken, Belehrung und Besserung empfangen. Diese Leute sind abhängig von unserem Dienst.« Wenige Wochen später erhielt ich von ihm eine Postkarte mit dem Zitat von Joh. 5,25: »Die Toten werden die Stimme des Sohnes Gottes hören...« (EÜ). Seither hat dieser Vikar innerhalb seiner Familie und auch für andere eine Eucharistie von der Auferstehung gefeiert und hat erprobt, daß als Ergebnis viel Heilung stattgefunden hat.

Das Buch von Dr. Raymond Moody »Life after Life«[16, 17] (Leben nach dem Leben) beschreibt die Erfahrungen von Revitalisierten, d. h. wieder zum Bewußtsein erweckten Patienten, und unterstützt die Ansicht, daß es nach dem Tode anscheinend einen Zeitraum der Anpassung gibt, zur Belehrung und Besserung. Einige dieser Patienten berichten vom Erblicken eines »Reiches von irregeführten Geistern«, in dem die Toten gefangen sind und Verbindung mit ihren lebenden Verwandten suchen, um weiter zum Himmel zu kommen. Da es in der Ewigkeit keine Zeit gibt, mag dies das Stadium sein, in dem die Gebete der Lebenden von Jesus Christus verwendet werden, um einen Toten zu lehren, wie er lieben und Liebe empfangen kann.

Es ist sicher eine akademische Frage, ob Gebet denen eine Wohltat bringen kann, die eine schwere Sünde wie z. B. Selbstmord begangen haben. Selbst wenn sie in die Hölle verdammt sind und Liebe nicht aufnehmen können, sollten sicherlich die Lebenden versuchen, ihnen Jesus Christus im Gebet zu bringen, weil seine Gegenwart alles Böse bindet. Die östliche orthodoxe Kirche[18] glaubt, daß Gebet für die Menschen in der »Hölle« ihnen eine weitere Möglichkeit gibt, ihre Rettung durch die Gnade Jesu Christi zu wählen.[19]

Aus der Anhörung zahlloser Patienten, die dem Selbstmord nahe waren, haben viele Psychiater die Ansicht abgeleitet, der Druck auf diese Menschen sei so groß, daß sie zum endgültigen Schritt mehr getrieben werden, als daß sie ihn frei wählen. Ähnlich einem Mann, der ein brennendes Gebäude verlassen muß und verzweifelt an einem Gesimse hängt, bis Schwäche und Schwerkraft ihn zu Tode stürzen lassen. Manche Patienten denken und sprechen vom Selbstmord nur, weil sie unter dem Druck der kontrollierenden Stimme eines Vorfahren stehen, der durch das Trauma des Selbstmordes ging und dessen Sünde ungesühnt geblieben ist. So sind sie nicht gänzlich zu tadeln, wenn sie tatsächlich die Handlung begehen, und man mag die Ansicht vertreten, daß es von manchen Kirchen unrichtig ist, diesen Menschen das Begräbnis in geweihter Erde oder einen vollständigen Gottesdienst zu verweigern. Wir sind nicht aufgerufen über die zu urteilen, die Selbstmord oder anderes Böses begehen, sondern nur sie der Gnade des Herrn zu überlassen (Röm. 14,10). Wir bestimmen viel mehr Menschen für die Hölle, als Jesus Christus verurteilen würde.

Eine steigende Zahl von Anglikanern erkennt, daß es ein Zwischenstadium der »Reinigung« zwischen Tod und Auferstehung gibt, und daß eine absolute Notwendigkeit dafür besteht. Wahrscheinlich wird dieses Stadium in 1. Petr. 3,19f. so beschrieben, daß Jesus Christus »zu den Geistern gegangen ist, die im Gefängnis waren, und ihnen gepredigt hat. Diese waren einst ungehorsam.« (EÜ). Das bedeutet, daß der Sünder nach seinem Tod nicht mehr im Leibe, aber im Fleisch bleibt. Er ist noch sehr erdgebunden und behält alle seine Sehnsüchte und Lüste bei; er ist nicht frei in der geistlichen Welt. Dort tragen die unruhigen Geister alle die ungelösten irdischen Kämpfe des Fleisches mit sich. Sie wissen keinen Ausweg. Vielleicht rufen sie die Lebenden an, aber entweder horchen oder verstehen wir nicht, oder wir behandeln ihre dringenden Anliegen bloß als Krankheiten. Wir werden uns »spukender Geister« an manchen Orten bewußt, wir erkennen »Besessenheit vom Bösen« an manchen Leuten, wir anerkennen in manchem Verhalten den »Einfluß der Vorfahren«. In 1. Petr. 4,6 wird derselbe Gedanke ausgesprochen, aber im griechischen Original wird ein stärkeres Wort gebraucht – »denn auch Toten ist das Evangelium verkündet worden« – daher können wir annehmen, daß eine Änderung erwartet wurde.

Der Bibelwissenschaftler C. E. B. Cranfield[20] kommentiert: »Jene Zwischenzeit (zwischen Tod und Auferstehung) ist nicht ohne Bedeutung, und darin ist Jesus Christus als Retter der Welt tätig, und der Bereich seiner rettenden Tätigkeit ist so groß, daß wir ihr keine Grenzen zu setzen wagen.« Da die unruhigen Seelen unfähig sind, sich selbst zu befreien, besonders wenn sie in ihrem Erdenleben Gottes Weg zu wählen versäumt oder nicht einmal gekannt haben, ist es klar, daß jemand für sie vermitteln muß. Eine Gruppe von anglikanischen Theologen schreibt in ihrem Bericht an die Archbishops' Commission of Christian Doctrine[21] (erzbischöfliche Kommission für christliche Lehre) darüber, wie die Lebenden durch Jesus Christus nützlich für die Toten beten können, daß sie während des Zustandes der Reinigung »eine Vertiefung des Charakters und eine größere Reife der Persönlichkeit« entwickeln können. Wenn sie bereit sind, die volle Liebe zu geben und zu empfangen und zum Bilde Jesu Christi wachsen können, können sie zur ewigen »seligmachenden Anschauung« fortschreiten.

In den vergangenen fünfzig Jahren war ich an Hunderten von Totenbetten. Viele sind in Trübsal und voll Angst gestorben; aber zahllose sind mit Entzücken gestorben und haben klar etwas Anregendes und Erfreuliches in der Zukunft gesehen, an deren Beginn sie standen. Ein Mann von achtundsiebzig Jahren, der lebenslang taubstumm gewesen war, setzte sich plötzlich in seinem Bett auf, sein sonst unbewegtes Gesicht von Glück erleuchtet, hob beide Arme und rief mit seinem letzten Atemzug: »Vater!« – Drei Tage, bevor mein eigener Vater starb, sagte er uns, daß eine Menge seiner Freunde erschienen war, um ihm zu sagen, daß sie zu einer bestimmten Stunde wiederkämen, um ihn abzuholen. Er war über diese Vision entzückt und starb tatsächlich genau zu der Stunde, die vorhergesagt worden war.

Unser »Verlust« wandelte sich in Freude: Wir brauchten keine Tränen zu vergießen. Wir dankten Gott für das Erdenleben meines Vaters – sein Wirken als Chirurg und für die siebenunddreißig Jahre, die er mit der Schaffung von Chinas medizinischer und wissenschaftlicher Literatur verbrachte – und wir wußten, daß er aktiv und glücklich war und weiterhin irgendwo Gottes Werk tat.

Wer während seiner Lebenszeit entweder nicht wußte, wie er dem Herrn folgen sollte oder das nicht wollte und keinen freien Willen mehr hat, für den haben anscheinend wir, die Lebenden, eine Verantwortung und je nach unserem Gnadenstand eine Autorität, für seine Sünden, seine Fehler und seine Unwissenheit um Vergebung zu bitten, so daß ihm jetzt der Weg zu Gott gezeigt werden möge.

Jedoch ist es nicht gestattet, direkten Kontakt mit ihnen aufzunehmen. Uns wird ausdrücklich gesagt, daß das absolut eine Verletzung von Gottes Gesetz wäre. Wir dürfen nicht im Gebet *zu* den Toten sprechen, aber von uns wird verlangt, daß wir *für* die Toten beten. Wir müssen für sie wie in der dritten Person beten und sie dem Herrn übergeben, damit er ihr Schicksal lenkt. Es ist selbstüchtig und grausam, sich »an sie zu klammern« oder sie »zurückzurufen«. Sie erwarten Befreiung, nicht Beschränkung auf irdische Dinge und Menschen.

ANHANG: Gebete[1]

1. *Eucharistiefeier von der Auferstehung*

Beten wir:
Gott, unser Vater im Himmel, wir neigen uns vor Deiner Gegenwart und danken Dir, daß Du uns Deinen einzigen Sohn gesandt hast.

Wir wissen, daß Du, unser Herr Jesus Christus, von den Toten auferstanden bist. Du lebst und bist hier bei uns. Bitte sende jetzt Deine Engel, damit sie alle unsere Verstorbenen sammeln, die verloren erscheinen, besonders..............und viele andere, die Du kennst, die wir aber übersehen haben. Bring sie an den Ort Deiner Bestimmung, damit sie Deinen gebrochenen Leib geheilt und auferstanden sehen, so daß auch sie aus ihrer Gebrochenheit auferstehen mögen. Laß sie Dein vergossenes Blut empfangen, Dein vollkommenes Tun für die Vergebung ihrer Sünden.

Binde und verbanne den Satan und seine Helfer an ihren richtigen Platz.

Laß den Leib und das Blut unseres Herrn alle Wunden und Qualen heilen, die Satan und seine Helfer den Lebenden und den Toten zugefügt haben.

Vater, wir kommen vor Dich als stammelnde Kinder, die weder verstehen noch wissen, wie sie beten sollen. Sende uns Deinen Heiligen Geist als Beistand.

Darum bitten wir im Namen unseres Herrn Jesus Christus. Amen.

2. Kommunion-Gottesdienst

Vaterunser
Ritus der Vergebung

Wir und unsere Verstorbenen haben vor Dir gesündigt.
Alle: Herr, erbarme Dich!
Wir und unsere Verstorbenen haben versäumt, einander zu vergeben.
Alle: Herr, erbarme Dich!
Wir und unsere Verstorbenen haben es unterlassen, mit zuversichtlichem Glauben zu beten.
Alle: Herr, erbarme Dich.
Wir und unsere Vorfahren haben es unterlassen, unseren Ahnen zurück bis zu Adam und Eva zu vergeben.
Alle: Herr, erbarme Dich.

Kirchengebet
(eines oder mehrere der folgenden können verwendet werden)

llmächtiger, ewiger Gott, Dein ist die Herrschaft über Lebende und Tote; wir flehen demütig zu Dir für Deine(n) Diener(in)......., daß er (sie) von Deiner reichen Güte die Vergebung aller seiner (ihrer) Sünden erhalten möge. Durch Deinen Sohn Jesus Christus, unseren Herrn, der mit Dir lebt und herrscht in der Einheit des Heiligen Geistes Gott, von Ewigkeit zu Ewigkeit. Amen.

Herr, gewähre Ruhe der Seele Deines Dieners (Deiner Dienerin)......., damit er (sie) ruhen möge an einem Ort, wo es keinen Schmerz, keinen Kummer, kein Seufzen gibt, sondern ewiges Leben. Amen.

Herr, gewähre diesem Deinem Diener (dieser Deiner Dienerin), daß er (sie) bei den Gerechten ruht und wohnt in Deinen Höfen, wie es geschrieben steht. Da Du, Herr, barmherzig bist, vergib ihm seine (ihre) Sünden und alle seine (ihre) Verfehlungen, die er (sie) begangen hat durch Gedanken, Worte und Werke, wissend oder unwissend, denn Du liebst das Menschengeschlecht, jetzt, immer und in Ewigkeit. Amen.

Unser Erlöser, Du bist Gott. Du bist hinabgestiegen in das Reich der Toten, um die zu erlösen, die zum Leiden verhalten waren; gewähre Ruhe auch der (den) Seele(n) dieses (dieser) Deines (Deiner) abgeschiedenen Diener(s), (in). Ehre sei dem Vater und dem Sohne und dem Heiligen Geiste, jetzt und allezeit und in Ewigkeit. Amen.

Lesungen zur Auswahl
Jes. 25,6−9: Alle Tränen abwischen
2. Makk. 12,38−45: Es ist gut, für die Toten zu beten
Röm. 6,3−9: Wenn wir mit Christus sterben, werden wir mit ihm leben.
1. Kor. 15,51−57: Verschlungen ist der Tod vom Sieg.
1. Joh. 3,1f.: Wir werden Gott ähnlich sein
Matth. 27,51−54: Die Heiligen wurden auferweckt
Lukas 8,49−56: Jairus
Lukas 18,15−17: Jesus und die Kinder
Joh. 6,35−40: Daß ich sie auferwecke
Joh. 6,51−58: Brot des Lebens
Joh. 14,1−6: Viele Wohnungen
Joh. 11,39−44: Lazarus

Gebet zur Darbringung von Brot und Wein
(Nach der Lesung aus dem Evangelium werden Brot und Wein auf den Altar gelegt zusammen mit den Namen derer, die in das Gebet eingeschlossen werden sollen).

Gebet der Segnung, Konsekration

Kommunion
Ich bin die Auferstehung und das Leben; wer an mich glaubt, wird leben, wenn er auch stirbt, und jeder, der lebt und an mich glaubt, wird niemals sterben.

Gebet nach der Kommunion (zur Auswahl)
Wir sagen Dir Dank, unser Gott und König, für die Freude dieses himmlischen Mahles, und flehen Dich an, daß das Sakrament Deines Leibes und Blutes uns nicht zur Verdammung gereichen mögen, sondern uns und allen Verstorbenen, besonders.......... die Reinigung von der Sünde, die Stärkung in der Schwäche und unseren starken Schutz gegen alles Widrige bringen möge; durch Deine Barmherzigkeit, Du Retter der Welt, der Du lebst und herrschest mit dem Vater in der Einheit des Heiligen Geistes, ein Gott von Ewigkeit zu Ewigkeit. Amen.

In zuversichtlicher Erwartung unserer eigenen Auferstehung feiern wir auch die künftige Umgestaltung der ganzen geschaffenen Ordnung in Harmonie und Schönheit. Herr, Du hast die Welt zur Freude erschaffen und Du führst die Seelen von der Tiefe der Sünde zur Heiligkeit. Gewähre den Toten ein neues Leben im unveränderlichen Licht des Lammes Gottes, und mögen wir mit ihnen das ewige Pascha feiern. Amen. (Aus Gebeten eines russischen Bischofs).

Gedenke Deines Dieners (Deiner Dienerin), Herr, nach der Gunst, die Du Deinem Volk erweist, und gewähre, daß er (sie) möge wachsen in Deiner Weisheit und Liebe, möge fortschreiten von Kraft zu Kraft und die Fülle der Freude in Deinem himmlischen Reich erlangen: durch unseren Herrn Jesus Christus, der mit Dir und dem Heiligen Geist lebt und herrscht jetzt und in Ewigkeit. Amen. (Aus der Liturgie der Episcopal Church of Scotland).

Segen
Möge Gott, der allmächtige Vater euch fortgesetzt heilen, damit ihr mehr von seiner Liebe zu den Lebenden und den Toten empfangt.
Um diesen Segen bitten wir im Namen des Vaters, des Sohnes und des Heiligen Geistes.
Alle: Amen.

3. Segnung einer Wohnung

Priester: Unsere Hilfe ist im Namen des Herrn
Alle: der Himmel und Erde erschaffen hat.
Priester: Der Herr sei mit euch!
Alle: Er sei auch mit Dir!

Beten wir:
Gott, allmächtiger Vater, wir bitten Dich flehentlich für diese Wohnung, ihre Benützer und ihre Habe, daß Du sie segnen... und heiligen..., daß Du sie durch Deine Güte auf jede mögliche Weise bereichern mögest. Herr, gieße über sie den himmlischen Tau in vollem Maße aus und einen Überfluß für ihren irdischen Bedarf. Erhöre gnädig ihre Gebete und gewähre, daß ihre Sehnsucht erfüllt wird. Da wir demütig vor Dich treten, gefalle es Dir, diese Wohnung zu segnen... und zu heiligen..., wie Du einst in Deiner Güte die Wohnung Abrahams, Isaaks und Jakobs gesegnet hast. Laß in diesen Mauern Deine Engel Macht haben und Wache halten über die, die hier wohnen; durch Christus, unseren Herrn.
Alle: Amen.
Die Türschwelle wird mit Weihwasser besprengt. (Segnung aus dem Römischen Rituale von Philip Weller, Milwaukee: Bruce Publishing Company, 1964, oder EXORCISM von Dom Robert Petitpierre, S.P.C.K., London 1972).

NACHWORT DES VERFASSERS ZUR 4. AUFLAGE

In den letzten sechs Monaten hat eine Anzahl von Leuten die Gedanken und Vorschläge dieses Buches befolgt, und zwar ohne Rücksprache mit ihrem Arzt oder Priester. Sie haben an einer allgemeinen Eucharistiefeier teilgenommen mit dem Anliegen, ihre Abstammung Gott zu übergeben und um Verzeihung für vergangenes Unrecht zu bitten. Als Ergebnis hat es Heilungen gegeben, nicht nur bei ihnen selbst, sondern ebenso bei entfernten Verwandten.

Eine Frau, die seit ihrer Kindheit ständig an Migräne gelitten hatte, wurde auf diese Weise geheilt. Das geschah trotz der Tatsache, daß sie nichts über ihre Abstammung wußte. Ihr alter Vater war verwirrt geworden und konnte sich an nichts über seine Vorfahren erinnern. Nach dem Gottesdienst war nicht nur sie geheilt, sondern sie fand ihren Vater bei einem Besuch bei vollständig klarem Verstand und einem wiederhergestellten Gedächtnis.

Ein getrenntes Ehepaar kam wieder zusammen, nachdem einer von ihnen an einem solchen Gottesdienst teilgenommen hatte.

Eine Gruppe von Leuten ging zusammen zur Eucharistie, um für Familienmitglieder zu beten, die eines gewaltsamen Todes von der Hand anderer Angehöriger gestorben waren, und um sie dem Herrn zu übergeben. Während des Gottesdienstes hatten sie Visionen der Familienmitglieder, die in der anderen Welt erlöst worden waren. Später entdeckten sie, daß die Schuldigen an dem Unglück – deswegen im Zuchthaus oder in Anstalten für Geisteskranke – sich am Vormittag des Gottesdienstes bekehrt hatten.

Großen Vorteil können Familienmitglieder von der Beteiligung an lautem Gebet haben, weil sie dabei ihre eigenen Worte mehr durchdenken. Daß Gebete in Gegenwart anderer laut gesprochen werden, dient auch dazu, ihre Einstellung zu dem Anliegen zu verstärken. Das geht leichter bei einer privaten Eucharistiefeier und kann durch stilles persönliches Gebet bei späteren Eucharistiefeiern fortgesetzt werden.

Durch dieses Buch wurden viele theologischen Diskussionen ausgelöst, besonders unter Priestern und ihren Bischöfen. Ich habe von ihnen erfahren, daß unsere Befugnis zu diesem Tun in der Lehre Jesu Christi begründet ist, und daß diese Anweisungen heute so wahr sind wie damals.

In den Erzählungen über das Wirken Christi wird es klar, daß er von den Betroffenen eine Anteilnahme an dem Heilungsvorgang erwartet. Als er sagte »Laßt die Kinder zu mir kommen«, erwartete er, daß ihre Mütter sie bringen. Am Grabe des Lazarus trug unser Herr den Anwesenden, den Jüngern und der Familie auf, den Stein wegzurollen. Nachdem er Lazarus aus dem Grab herausgerufen hatte, bekam die Familie die Aufgabe, ihn loszubinden.

Bei der Auferweckung der Tochter des Jairus sagte unser Herr konkret dreien von seinen Jüngern und den Eltern des Mädchens, sie sollten mit ihm in den Raum gehen. Nachdem er das Kind zum Leben gebracht hatte, trug er den Eltern auf, ihm etwas zu essen zu geben. Sie wurden an jedem Stadium der Auferweckung beteiligt.

Der Glaubensakt und die Liebe des Hauptmannes, mit der er zu Jesus kam, waren ein notwendiger Teil an der Heilung des Dieners. Der blinde Bettler hatte selbst genau in Worte zu fassen, was er von Jesus wollte.

Mit einem meiner letzten Fälle wurde ich durch die Krankenschwester befaßt, die den Kranken pflegte. Er war ein älterer Mann, der im Ersten Weltkrieg seinen rechten Arm verloren und seither an unerträglichem Phantomschmerz gelitten hatte, so daß er zuerst morphium- und dann heptadonsüchtig[1] wurde. Die Granate, die ihn verwundete, hatte vier seiner engsten Freunde in Stücke gerissen. Sie wurden nie begraben, weil – wie er sagte – »nichts mehr zu begraben war«.

Da er selbst Priester war, stimmte er bereitwillig der Abhaltung einer Eucharistiefeier zu, bei der seine Freunde Gott übergeben wurden. Von diesem Tag an bis zu seinem Tod, wenige Monate später, hatte er keinen starken Schmerz mehr und keinen Bedarf an Medikamenten.

Ein anderes Gebiet, in dem dieser Vorgang große Wirkung hatte, ist Nordirland. Dort behaupten die Gewalttäter, von denen ich einigen begegnete, daß ihre Befugnis, so zu handeln, von den Verstorbenen komme. Sie führen das in ihrem Namen fort. Für mich sieht das so aus, wie wenn Skelette der Vergangenheit gegen andere Skelette der Vergangenheit kämpfen. Sie sind Leute von gestern, die die gestrigen Schlachten kämpfen, Schlachten aus der Zeit vor dreihundert Jahren. Beide Parteien begraben ihre Toten im Zorn und mit Racheschwüren. Die traditionellen Worte über die »im Glauben Verstorbenen« erscheinen ganz unpassend. Es gibt keine Verzeihungsbitte an Gott, und diese verlorenen Seelen spuken weiter und beeinflussen ihre Nachkommen. Satan wird von jeder finsteren Macht Vorteil ziehen zum Trennen, Zerstören und Beherrschen. Menschen müssen erkennen, daß sie als Satans Marionetten handeln und selbst verloren sind. Ein Buch von Robert Cielou »Spare my tortured people« (»Schone mein gequältes Volk«) führt diesen Gedanken weiter aus.

Dieselbe Schablone ist bei allem Kampf und bei jeder Gewalttätigkeit auf der ganzen Welt zu finden, wo Menschen sichtlich nur Schachfiguren in einer ungeheuren Schlacht finsterer Mächte sind.

Wir, die wir in einer sicheren Entfernung leben oder meinen, daß wir sicher sind, sind gleichermaßen verantwortlich. Wir sollten alle zu unseren eigenen Eucharistiefeiern in Schmerz und Zerknirschung gehen. Über 130 Patienten mit anorexia nervosa (Magersucht) wurde durch solchen Gottesdienst geholfen. Es wird vorgeschlagen, den Tag der Unschuldigen Kinder, den 28. Dezember, zum Tag der Volkstrauer für alle Abtreibungen des Jahres zu machen.

ANMERKUNGEN

Die Schriftstellen wurden nach der Einheitsübersetzung, Endfassung (»EÜ«) wiedergegeben, andere Zitate aus dem Englischen weiterübersetzt.
Anmerkungen des Übersetzers sind mit »Ü« bezeichnet.

Erstes Kapitel – Werdegang · Erweckung
1) Ü: Die Kongregationalisten sind eine Vereinigung von Freikirchen calvinistisch-reformierten Ursprunges, offen für Ökumene (Lexikon für Theologie und Kirche, 6, 442. Freiburg 1961). Die Kongregationalisten vereinigten sich in England mit den Presbyterianern zur »United Reformed Church« (Mitteilung Dr. Willem C. van Dam). Der Verfasser ist laut persönlicher Mitteilung später Anglikaner geworden.

Zweites Kapitel – Bindungen brechen
1) P.M.YAP, »The Possession Syndrome«, Journal of Mental Science, 106, 1960.

2) Ü: Damit ist gemeint, daß Mavis beim Fürbittgebet (äußerlich) durch eine andere Person vertreten wurde, auf die das Gebet und seine körperliche Haltung (z. B. Handauflegung) gerichtet waren.

3) Ü: Anglikanische Priester dürfen verheiratet sein.

Drittes Kapitel – Christus heilt
1) Konstanze, die Tochter der hl. Elisabeth, wurde nach 365 Messen frei. Konstanze war erschienen und hatte gesagt, sie sieche dahin, könne aber befreit werden, wenn ein Jahr lang täglich die Eucharistie für sie gefeiert werde. Später erschien Konstanze wieder in einem leuchtend weißen Gewand. »Heute«, sagte sie zu ihrer Mutter Elisabeth, »bin ich befreit von den Schmerzen

des Fegefeuers.« Elisabeth brachte die gute Neuigkeit zum Priester Mendez. Dieser versicherte ihr, daß er am vorhergehenden Tag die Opferung für Königin Konstanze mit der 365. Messe beendet hatte. Auch der hl. Thomas von Aquin brauchte viele Messen, bevor er sah, daß seine verstorbene Schwester vom Leiden befreit und auf dem Weg zum Himmel war. Jedoch in Kenntnis des forschenden Geistes ihres Bruders machte seine Schwester Halt, um ihm einiges zu sagen. Sie sagte ihm, daß sein Bruder Landolph im Fegefeuer, sein Bruder Kaiser Friedrich im Himmel war, und daß auf ihn ein herrlicher Platz im Himmel wartete. Der hl. Thomas starb kurz nach Erhalt dieser Nachricht. Während die hl. Elisabeth und der hl. Thomas es notwendig fanden, mehr als eine Messe aufzuopfern, wußte die hl. Therese von Avila, daß ihr Wohltäter, Medina del Campo, zum Himmel befreit würde, sobald sie eine Messe in dem – im Bau befindlichen – neuen Kloster aufopfern konnten. Auf dem Weg zur Kommunion bei der ersten Messe sah die hl. Theresia Medina del Campo »mit gefalteten Händen und strahlender Miene mir für die Befreiung aus dem Fegefeuer danken.« (Keppler, aaO, 158, 271, 179). (Ü: Worauf »aaO« verweist, ist aus dem Original nicht ersichtlich, wahrscheinlich auf 8. Kapitel, Anm. 4)

2) Ü: Im Englischen: »von Ungarn« (ihrem Geburtsland).

Fünftes Kapitel – »Lasset die Kinder...«

1) Ü: Nach katholischer und auch sonst weit verbreiteter christlicher Ansicht bewirkt die Taufe die Wiedergeburt im Wasser und im Heiligen Geist (Joh. 3,5ff.) und damit die volle Zugehörigkeit zu Jesus Christus und seiner Kirche und die Befreiung von der Erbsünde. Ähnlich Taufe II 6, IV 14 des Lima-Textes (1982).

2) Die Beziehung von mütterlichem Streß während der Schwangerschaft zu Geburtsschädigungen wurde untersucht von D. H. Scott und Sandra Latchford, »Prenatal Antecedents of Child, Health, Development and Behavior«, J. Am. Academy of Child Psychiatry, 15, 161–191, 1976.

3) Schon zehn Jahre vorher hatte David Spelt gezeigt, daß der menschliche Fötus in den letzten zwei Monaten in die Lage gebracht werden kann, auf starken Lärm zu reagieren. Vgl. David Spelt, »Conditioning of the Human Fetus in Utero«, Experimental Psychology, 38, 338–346, 1948.

4) Ü: Mit einem aus dem Gedächtnis verdrängten Ereignis war eine Emotion verbunden; sie wird bewußt gemacht, ausgedrückt und dadurch beseitigt. (Übersetzt aus New Oxford Dictionary, Schlagwort »abreaction«.)

5) Berichtet in Chicago Tribune, »Embryos können sich erinnern, sagt Therapeut«, 1.11. 1978.

6) Dr. med. Conrad Baars, Feeling and Healing Your Emotions (Plainfield: Logos, 1979, 82–84).

7) John Fitzherbert, »The Source of Man's Intimations of Immortality«, British Journal of Psychiatry, 110-, 1964.

Sechstes Kapitel – Befreiung von Geistern

1) Ü: Conan Doyle

2) Ü: Text hier sinngemäß nach Genesis 4, 10. Im englischen Original irrig: »das Blut Kains«.

3) Kurt E. Koch, Christian Counseling and Occultism (Grand Rapids, 1972, Kregel), 189. (Ü:) Laut Mitteilung Robert-Rüegg Rusterholz. Originaltext: Kurt E. Koch, Seelsorge und Okkultismus (1952, 25. Aufl. Basel 1982: Brunnen Verlag), 205.

Siebentes Kapitel – Die Welt der Finsternis

1) Ü: OUIJA-Brett: auch »Oui-ja«, Psychograph, Planchette, Skriptoskop (vgl. Zahlner, Kleines Lexikon der Paranormologie, 1972 Josef Kral, Abensberg, = Heft II, III der Zeitschrift »Grenzgebiete der Wissenschaft«: 61, 66, 69, 75): Brett mit Kreisen von Ziffern oder Buchstaben, vgl. Titelbild bei Kurt E. Koch, Okkultes ABC (Association for Christian Evangelisation, Chomedey Laval Quebec Canada).

ZAHLENMAGIE, engl. numerology: Verwendung von Zahlen zu magischen und mantischen Operationen (Zahlner aaO 88).

TAROT-Karten: Zahlner aaO 79 gebraucht den Ausdruck gleichbedeutend mit »Tarock« (in Bayern und Österreich übliches Kartenspiel) und spricht von abgebildeten Figuren mit esoterischer Symbolbedeutung. Aus den (dem Ü gezeigten) Abbildungen von Tarot-Karten war keine Ähnlichkeit mit Tarock-Karten zu finden. Freilich kommt es auch auf die Verwendung im Einzelfall an (vgl. S. 85 oben).

2) Transzendentale Meditation (TM) ist für den Christen gefährlich, da sie eine Initiation durch eine hinduistische Puja-Zeremonie mit sich bringt, und Mantras oft Gottheiten anrufen. Der Oberste Gerichtshof (Ü: der USA) bestätigte die Entscheidung des Gerichtshofs von New Jersey, daß die TM wegen ihrer hinduistisch-religiösen Natur nicht aus öffentlichen Mitteln unterstützt werden könne.

3) Über das Vorgehen im Gebet um innere Heilung vgl. Ruth Stapleton, The Gift of Inner Healing (Waco, Texas: Word, 1976).
Dennis and Matthew Linn, Healing Life's Hurts (New York: Paulist, 1978). (Ü:) Deutsche Übersetzung: Beschädigtes Leben heilen (1981 Styria Graz Wien Köln)

4) Ü: Schreibtätigkeit ohne Kontrolle durch das Bewußtsein (Zahlner aaO 17). Vgl. Abbildung auf S. 99.

5) Pat Brooks, Using Your Spiritual Authority (Monroeville, PA: Banner 1973), 85.

6) Kurt Koch: Occult Bondage and Deliverance (Grand Rapids: Kregel 1970), 100.

7) Kurt Koch, Christian Counseling and Occultism (Grand Rapids, Kregel 1972), 307. (Ü:) Deutsch S. 340 wie sechstes Kap. Anm. 3.

8) Als eine ausgezeichnete, prägnante Behandlung des Befreiungsgebetes vgl. Francis MacNutt, Healing (Notre Dame: Ave Maria, 1974), 208–231. (Ü: Deutsche Übersetzung: Die Kraft zu heilen. 1976 Styria Graz Wien Köln.) Eine ausführlichere Darstellung ist John Richards, But deliver Us From Evil. (Ü:) vgl. auch Michael Scanlan und Randall Cirner, ...erlöse uns von dem Bösen (1983 Styria, Graz/Wien/Köln).

9) Ü: Kristallsehen, Kristallomantie: Durch langes, konzentriertes Anschauen von leuchtenden oder durchsichtigen Körpern kann ein tranceartiger Zustand mit Visionen von Personen oder Ereignissen auftreten auch mit paranormalen Inhalten (Zahlner aaO. 50).

10) Über den Vorgang beim Gebet um innere Heilung von Verletzungen und psychischen Schäden vgl. Dobson Theodore, Inner Healing: God's Great Assurance (N. Y.: Paulist, 1978); Linn, Matthew und Dennis, Healing of Memories (N. Y.: Paulist 1974); Healing Life's Hurts (N. Y.: Paulist, 1978) (Ü: siehe oben 3.); Sanford, Agnes, The Healing Gifts of the Spirit (Arthur James Ltd.); Stapleton, Ruth, Gift of Inner Healing (N. Y.: Bantam, 1977); The Experience of Inner Healing (Waco: Word 1977); Tapscott, Betty, Inner Healing Through Healing of Memories (Houston: Box 19827, 1975). S. auch Anm. 8.

11) Dr. Kurt Koch empfiehlt aufgrund seiner Erfahrung mit hunderten von okkulten Fällen besonders die Eucharistie als den Schlüssel zur Befreiung.

»Im Abendmahl des Herrn wird die von der okkulten Unterwerfung befreite Person zur Teilnahme am Ereignis Christi gebracht. Der befreite Mensch erfährt durch das Mittel sichtbarer Zeichen seine Gemeinschaft mit dem Leib und Blut Christi, seine Eingliederung in die Kirche Christi, die Verwirklichung der Gliedschaft im Reiche Christi und so die Stärkung seines geistlichen Widerstandes gegen dämonische Einflüsse und Angriffe... Daher empfehle ich eine häufige Teilnahme am Abendmahl des Herrn für den Menschen, der von okkulter Unterwerfung befreit worden ist. Am Rande möchte ich vorschlagen, daß die Kirchen das Sakrament zugänglicher machen sollten, als es bisher war.« (Koch, aaO, englisch 332).

12) Ü: Englisches Original: »in the heavenly realms«. Die Gute Nachricht übersetzt: »zwischen Himmel und Erde«. Vgl. abweichende Lesart (deutsche Übersetzung: »dieser Weltzeit«) bei Nestle/Aland, Novum Testamentum Graece et Latine 1963/69 Württ. Bibelanst. Stuttgart.

Achtes Kapitel – Der Weg zum Herrn durch Gebet
1) Ü: Vgl. Mt 10, 8 u. a: »Heilt Kranke«; Mk 16,17f.; Joh. 14,13f.

2) Ü: Die katholische Lehre unterscheidet das »Besondere Gericht« unmittelbar nach dem Tode des Menschen und das »Jüngste«, »Letzte« oder »Endgericht« beim Kommen Christi am Ende der Zeiten.

3) Die Kirchenväter legten 1. Kor.3, 11–15 als Bezug auf ein Zwischenstadium der Reinigung aus. Robert Bellarmin, De Purg. I, 5 zitiert Stellen aus den Heiligen: Ambrosius, Augustinus, Hieronymus, Gregor und Origenes.

4) Wilpert, Die Malereien der Katakomben Roms, S. 334, zitiert bei P. W. Keppler, Poor Souls in Purgatory, St. Louis: Herder, 1927, 27.

5) Johannes Chrysostomus, I Ad Cor., Hom. XLI, n. 4, P. G. LXI, col. 361, 362. Cyprian, Ep. 1, 2 CSEL III, 466 f.

6) Joseph Jungmann, Mass of the Roman Rite (N. Y.: Benzinger Bros. 1959), 441–3. (Ü:) Deutsch: Missarum Solemnia (Herder, Wien 1948)

7) Ü: Fragment des 2. Jahrhunderts (vgl. LThK. 1,751).

8) Tertullian, De Monog., 10:4; Corp Christ 2: 1043 und 2: 1243. (Ü:) »De Monogamia« stammt aus der montanistischen Periode Tertullians. (Lex. f. Theol. u. Kirche, Herder, Wien, 9, 1370, B25).

9) Eusebius, Vita Constantini 4: 71; GCS 7: 147.

10) Jungmann aaO. 443

11) P. G. I. Col. 1144. (Ü: Kirchenordnung des 4. Jhdt., vgl. LThK., 1, 759).

12) Johannes Chrysostomus, Hom. in Ep ad Phil., n. 4

13) Ü: Serapion, † nach 362, Bischof von Tmuis in Unterägypten, Euchologion (= Gebetssammlung) u. a. für Begräbnis (LThK. aaO., 9, 682).

14) Butler, Lives of the Saints (New York: Kennedy, 1956)

15) Ü: Im LThK 6, 529 und bei Löffler, Papstgeschichte (Kösel, München 1949) ist nur ein Ökumenisches (=Allgemei-

nes) Konzil von Vienne (Frankreich) von 1311/12 ohne Bezug auf das Zitat zu finden.

16) Raymond Moody, Life After Life (Covington: Mockingbird, 1975).

17) Raymond Moody, Reflections on Life After Life (N. Y.: Bantam, 1977), 18−22.

18) Serge Bulgakov, The Orthodox Church (London, Centenary, 1935), 208−9.

19) Ü: Nach katholischer Lehre kommt in die Hölle ein Verstorbener, wenn ihm im Zeitpunkt des Todes eine schwere Sünde als solche zugerechnet wird. Dieser Eintritt in die Hölle ist endgültig. Wohl aber kann ein (äußerlich) schwer sündhaftes Verhalten wegen besonderer Umstände im Einzelfall, z. B. wegen Einschränkung der Willensfreiheit, eine läßliche (d. h. verzeihliche) Sünde darstellen. Auf welchen Toten dies zutrifft, können wir menschlich nicht wissen; daher ist das Gebet für einen Toten immer sinnvoll und verpflichtend.

20) C. E. B. Cranfield, The First Epistle of Peter (London, SCM)

21) Prayer and the Departed, Archbishops' Commission on Christian Doctrine, (London SPCK, 1971, 20). (Ü: Gebet und die Verstorbenen. Erzbischöfliche Kommission für christliche Glaubenslehre). Wenige Leute würden meinen, daß sie im Tod genügend reif für die direkte Anschauung Gottes oder für seine unmittelbare Gegenwart wären; sie würden auch nicht annehmen, daß eingewurzelte Gewohnheiten der Sünde sofort ausgetilgt werden könnten. Die Ansicht, daß ein Christ, auch der gläubigste, im Tode zur Vollkommenheit umgewandelt wird, erscheint für viele Menschen unglaublich und an Magie grenzend. Es möchte scheinen, daß die Verwandlung eines sündhaften Menschen − selbst eines Menschen, der die Vereinigung mit der Anschauung Gottes ersehnte − zur Ähnlichkeit mit Gott nicht ein augenblicklicher Vorgang sein kann, wenn die Natur, der freie Wille und die Fortdauer der individuellen Persönlichkeit des Menschen über die Grenze des Todes hinweg berücksichtigt werden müssen. In jedem Falle ist das Glück, soweit es

in diesem Leben bekannt ist, zeitbedingt, und ein zeitbedingter Zustand (zumindest soweit wir es hier wissen) steht im Zusammenhang mit Handlung und Entwicklung: Wie ist es dann möglich, sich einen Zustand nach dem Tode auszumalen, in dem so zeitbedingte Wesenszüge wie Freude und Glück wohl für den Menschen postuliert werden, aber keine Entwicklung haben sollen? Nach allen diesen Erwägungen neigen viele Christen zum Glauben, daß nach dem Tode eine Entwicklung möglich ist; wenn das so ist, dann sind Fürbitten richtig. Fürbitten könnten uns nur dann untersagt werden, wenn ihr Gegenstand unveränderlich statisch wäre. Gebete für die Entwicklung der Verstorbenen brauchen keine Zweifel unsererseits über das Ende ihrer weiteren Pilgerreise zu bedeuten, als ob sie zur Zeit des Todes der Erlösung sicher sein und doch nachher den Weg dazu verfehlen könnten. Vielmehr mögen es Gebete für die Vertiefung des Charakters und für eine größere Reife der Persönlichkeit sein. Auch müssen Gebete um Licht und Frieden keinen gegenwärtigen Mangel daran bedeuten. Wir dürfen immer um ein Wachstum (oder selbst eine Fortdauer) dessen beten, dessen sich die Menschen, für die wir beten, jetzt schon erfreuen.

Anhang
1) Ü: Entspricht offenbar der anglikanischen Gottesdienstordnung. Bei anderen Bekenntnissen in deren Vorschriften und Gebräuche einzuordnen.

Nachwort
1) Ü: Englisch: »physeptone«; chemisch: Methadon-Hydrochlorid. Als Heptadon im Handel (vgl. Pharmacological and Chemical Synonyms 1973 Excerpta Medica Amsterdam, Schlagwort »Methadone«, ferner Auskunft der Wiener Apothekerkammer an den Übersetzer).

SACHREGISTER

Absage 89, 91
Abstammung 44
Abtreibung 32, 38, 59, 65-69
Adoption 36 f, 67
Agoraphobie 99 f.
Ahnen 23, s. Vorfahren
Ahnentafel 21, 23, 32, 37
Alkohol 24, 27, 48 f., 91
Alptraum 27
Anästhesie 15, 95
Anlage, gestörte 23 f.
Angst 20, 47, 99
Anorexia vervosa 38, 41, 61, 120
Arthirtis 61
Astrologie 85, 88
Atemlosigkeit 27
Aufwachen, Gedanken im –, 55 f., 93
Austreibung des Bösen s. Befreiung
Automatisches Schreiben 52, 85, 88, 99 f., 124

Babies, verstorbene 69
Bedürfnisse der Lebenden 42
Beerdigung, kirchliche 27, 100
Befreiung 16, 33, 52, 90-92, 98
Befundaufnahme, medizinische 83
Begräbnis ohne Gebet 27, 62 f., 68
– ohne Liebe 28, 64
Beherrschung 15
Benders Theorie 81
Bermuda-Dreieck 71-73
Besessenheit 100 s. Possession
Besprecher 90
Bewußtseinstörung 29
Bindung 16, 25, 28-31
blackout 29 f.
Böser Feind 85, 87, 93, 99-101
Böse Geister 39, 98

Calvinisten 22
Colitis 69

Depression 30, 41, 61, 68, 83, 93, 98
– endogene 68
Diagnose 14, 16, 60, 91
Dickdarmentzündung 69
Diebstahl 67, 84 s. Einbruch
Differentialdiagnose 16

Drogen 35, 69, 85
Ehefrau, Ehemann, überlebend 29
Einbildung 79, 86
Einbruchsdiebstahl 46
Elektroschock 15, 85
Endogene Depression s. Depression
Entheiligung 80
Epilepsie 19, 42, 61, 89
Eucharistie 21 f., 26 f., 30, 32-34, 41-46, 48, 50-52, 80, 82, 98-100, 106 f.
Exorzismus 12, 80, 83, 85 f.
Ekzem 44

Fehlgeburt 32, 44, 60
Fluch 19, 20
Fötus, Einwirkung auf den –, 58 ff., 108

Gebet an Ort und Stelle 73 ff., 80 f.
– für die Lebenden s. d.
– für die Toten s. d.
– lautes 118, – stilles 87
Gedächtnis 58
Geister 14, 79, 101 s. böse
Geisteskrankheit 84
Gemeinschaft 46, 51, 91, 93
Gericht 102
Gewalttäter 120
Gewohnheiten 92, 95
Größenwahn 67

Halluzinationen 86, 98
Heftiges Temperament 52
Heiler 86
Heptadon 119
Herrn, Gebet des – s. Vaterunser
Hexen 98
Hexenwerk 85
Homosexualität 20
– lesbische s. d.
Horchen (Hören) auf Gott 51, 53-55
Horoskope 85
Hysterie 61

Juden 25, 50

(Klein)kinder 60 f.
Kollektives Unbewußtsein 101
Kommunion 37, 115 f.

Kongregationalisten 10, 121,
Kontrolle 16, 23, 48, 84
Kontrollierende Bindung 16, 18
Kontrollierender Geist 16, 21
Korpulent 52
Kristall-Sehen 94, 125

Lähmung 42
Leben aufbauen 92
Lebenden, Bedürfnisse der –, 42
–, Gebet für die, 51
Leere von Gebäuden 81
Leerraum nach Bindung 28
Lesbische Beziehungen 29, 92
Liebe 32, 34, 51 f., 59 f., 81 93

Magenleiden 65 f., 99
Magersucht s. anorexia nerv.
Makkabäus 103 f.
Melancholie s. Schwermut
Messen, Zahl der, 107, 121
Migräne 61, 63, 118
Morphium 119
Mutterbindung 30

Nachbehandlung 96
Neurose 61
Nichtchristen 25, 32
Niere 97
Nordirland 120

Okkultismus 35, 81, 83, 85-87, 89 f., 98
Ort und Stelle, Gebet an –, 73
Osteoporose 68
Ouija-Brett 85, 88, 123

Paranoia 61, 94
Phobie 20 s. Angst
Platzangst s. Agoraphobie
Possessions-Syndrom 15, 121
Projektion 79
Psychotherapie 93

Reaktion auf Gebet 87
Reinigungsort 110 f.
Ritus, perfekter 100

Seancen 85
Segnung 80
Selbstmord 38, 40 f., 44, 59, 61, 90, 93, 100, 109 f.
Sex 35
Spiritismus 78, 86 f., 89, 91, 102

Sprechen, undeutliches 44
Spuk 71, 73-79, 81 f.
Sünde 35, 47, 96, 112

Schizoid 26
Schizophrenie 17, 27, 29, 40, 52, 61, 67, 83, 86, 91
Schlaflosigkeit 88
Schwarze Messe 80, 98
Schwermut 90

Stammbaum 53 f., 60, 62,
s. Ahnentafel
Stellvertretendes Gebet 19 f., 121
Stimme Gottes 56
Stimmen 14, 20, 27, 52, 61, 87, 95
Stottern 44
Strahlungen, okkulte 89
Streß 15, 58, 122
Stufen der Befreiung 33-42

Tarock 124
Tarot-Karten 85, 88, 124
Teufel 84, 87, 99 f. s. Böser Feind
Tote, Gebet für, 102-109, <u>112</u>, 118
Toten vergeben 36, 105
Tote ohne kirchl. Beerdigung 21, 27, 41, 72
Totgeburt 32, 60
Transzendentale Meditation 85
Trauer 29
Tuberkulose 18

Überarbeitung 64
Übergabe von Lebenden 80
– von Toten s. Beerdigung kirchl.
Übergewicht 69
Unbewußtes, kollektives 101
Unehelichkeit 36 f.

Vaterunser 33, 53, 74
Vergebung 20, 34 <u>f.</u>, 47, 53, 105, 112
Verhalten, ähnl. gestörtes 24
Versöhnung 79
Versuchung 96
Vorfahren 23, 44, 90, 118
– siehe Abstammung, Ahnen
Vorhersagung des Schicksals 85

Wahnvorstellungen 52
Wahrsagerei 85
Wanderniere 97
Wiederholung im Erbgang 23 f.

Willensfreiheit 48
Willenskraft 48

Zahlenmagie 88, 123
Zusammentreffen von Krankheit mit
Geistkontrolle 84
Zwillinge 66 f., 108

INHALT

Vorwort 5
1. Werdegang – Erweckung 10
2. Bindungen brechen 14
3. Christus heilt 32
   Erste Stufe 33
   Zweite Stufe 34
   Dritte Stufe 37
   Vierte Stufe 42
4. Freiheit der Wahl 46
5. „Lasset die Kinder..." 58
6. Befreiung von Geistern 71
7. Die Welt der Finsternis 83
   Vergebung und Absage 89
   Gebet um Befreiung 91
   Leben aufbauen 92
8. Der Weg zum Herrn durch Gebet 102

Anhang: Gebete 113
   1. Eucharistiefeier von der Auferstehung 113
   2. Kommunion – Gottesdienst 114
   3. Segnung einer Wohnung 117

Nachwort des Verfassers zur 4. Auflage 118

Anmerkungen 121

Sachregister 129